AF214567

LE

CASQUE PRUSSIEN

Clichy. — Imp. P. Dupont et Cie., rue du Bac-d'Asnières, 12

EDGAR RODRIGUES

LE

CASQUE PRUSSIEN

SOUVENIRS ANECDOTIQUES DE LA GUERRE

1870-1871

DEUXIÈME ÉDITION

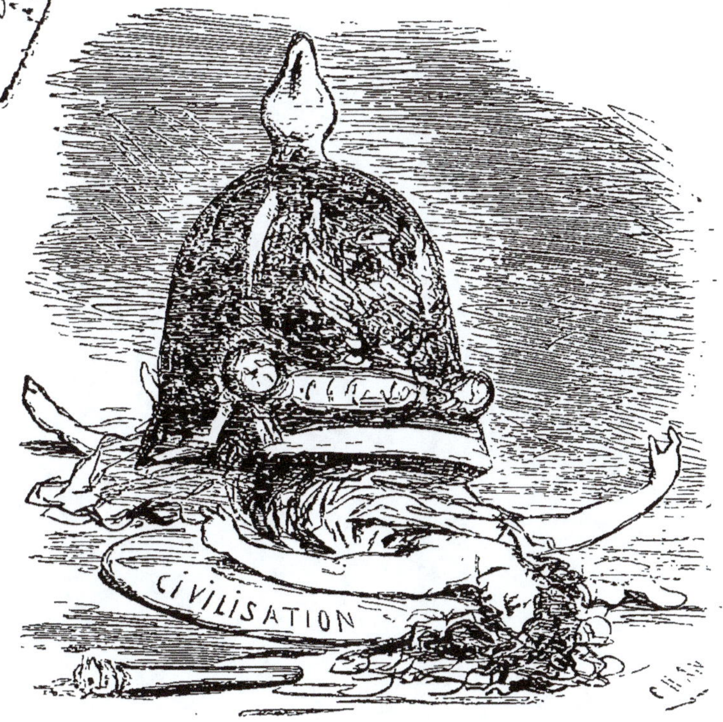

PARIS

E. LACHAUD, ÉDITEUR

4, PLACE DU THÉATRE-FRANÇAIS, 4

1871

AVANT-PROPOS

Depuis plus d'une année, chacun « y a été de sa petite brochure ». Les généraux battus, comme les princes en fourrière, ont tenté de réparer, la plume à la main, les maladresses de leurs armes.

Personne, à ce jour, n'a écrit la vérité.

Témoin oculaire des faits dénaturés, nous n'hésitons plus à publier nos souvenirs anecdotiques sur la révolution dont nous avons été victimes.

L'opinion publique, affolée dans sa douleur, égarée par la colère, jette encore, au hasard et sur tous, la réprobation et l'infamie, oubliant que les casques prussiens sont là et que nos vainqueurs se réjouissent de notre deuil et sont fiers de notre défaite.

Heureux, si ces chapitres écrits d'une plume légère, si ces documents rassemblés avec soin peuvent servir « à l'histoire de notre temps ». Plus heureux encore s'ils peuvent rejeter la responsabilité de nos malheurs sur les vrais coupables, et non pas sur ceux-là qui, fermes devant l'ennemi, debout en face du danger au péril de leur vie et sans souci de leur popularité, n'ont eu d'autre amour que celui de la patrie.

E. R.

Lormont, 15 octobre 1871.

LE

CASQUE PRUSSIEN

PREMIÈRE PARTIE

CHAPITRE PREMIER

AFFAIRE DE FEMMES!...

A tous ceux qui nous demanderont la cause première à laquelle il faut attribuer les désastres et l'abaissement de la France, je répondrai, — au risque de faire jeter les hauts cris, — par ces trois mots : « *Affaire de femmes.* »

Oui. Affaire de femmes! C'est de là que sont nés

tous nos malheurs. Il ne faut pas chercher d'autre
motif à cette décadence qui, énervant notre virilité
morale en une vaniteuse quiétude, nous a laissés,
après la première défaite, effarés, dépourvus de tout,
et, bien qu'en ait dit Gambetta, incapables de ce grand
effort national qui soulève instantanément un peuple
entier pour le masser devant sa frontière menacée.

Comme si notre armée avait eu seule charge de
patriotisme, quand nos valeureux soldats eurent suc-
combé sous le nombre, l'invasion se fit une route
presque facile au milieu d'un peuple de trente millions de citoyens!

Sous quelle pernicieuse influence notre nation
s'était-elle affaissée?

Quelle funeste incurie la laissa désarmée dès le
début de la guerre?

Quelles suggestions maudites l'ont poussée vers
une lutte inégale?

Nous le répétons : affaire de femmes!

Après le règne peu dépensier de Louis-Philippe,

suivi de la courte et économe République de 1848, le luxe effréné s'éveilla subitement à la voix de celle que le caprice d'un blasé avait créée souveraine.

L'exemple des folies ruineuses vint d'en haut ! ! ! Il n'est pas besoin d'insister sur les tapageuses et excentriques toilettes des femmes honnêtes ou tarées qui apparurent tout à coup. Plumets, bottes, chapeaux à cornes, cannes, traînes balayeuses, le luxe ridicule exploita tout. Entre les femmes du monde et les filles galantes il sembla se livrer un assaut de mises stupides et coûteuses..... assaut dans lequel l'avantage fut d'abord pour les demoiselles dont la *commandite* alimentait les prodigalités.

De cette lutte naquirent, pour les femmes du monde, tous ces procès honteux, inventés par les créanciers, qui nous montrèrent des budgets conjugaux en détresse, des fortunes disparues et des enfants dépouillées par le luxe maternel.

Quelques maris tinrent bon et enrayèrent la ruine en refusant de payer d'exhorbitantes notes, où le prix insensé des toilettes se mêlait à un compte de cigarettes fumées et de madère bu, au retour du bois, dans le grand salon de couturiers à la mode, en attendant l'heure d'essayer la robe de demain.

Contre ces époux récalcitrants, les fournisseurs avides tentèrent le chantage du scandale public d'un procès. Vous souvenez-vous de ce noble mari, assigné en payement d'une facture de près de cent mille francs? Il ne dit que cette seule phrase.

— Je donne annuellement 150,000 francs à ma femme pour sa toilette. Maintenant, Messieurs les juges, décidez?

— La cause est entendue! prononça le tribunal en refusant de rendre l'époux solidaire des folies de sa femme.

Vingt décisions pareilles, qui mirent les maris à l'abri des ruineuses prodigalités parvinrent-elles à attiédir le zèle des fournisseurs qui, par le plus illimité crédit, encourageaient cette démence féminine?

Pas le moins du monde! Ils spéculèrent alors sur cette commandite qui, comme pour les hétaïres, devait venir au secours des belles clientes dont la bourse maritale ne soutenait plus la coquetterie!

Et, — il faut l'avouer, — ils ne spéculèrent pas à tort.

Les soupirants se mirent bientôt à deux ou trois pour... habiller mesdames X et Z. A cette tâche on s'associa comme à une charge d'agent de change. La chose s'adjugeait aux enchères ou même se traitait à l'amiable ! Si quelqu'un pense que nous chargeons le tableau, nous lui citerons l'affaire de la Str..... une célèbre faiseuse qui fila en Belgique, au moment où la justice se préparait à lui demander compte de la seconde industrie qu'elle joignait à son état de couturière.

La Str... essayait les robes à ses clientes dans un salon qui communiquait avec un petit boudoir voisin par une glace sans tain devant laquelle se massaient des arbustes. A l'affût derrière ce rideau de verdure les amateurs en quête assistaient, du boudoir, à l'essai des robes que la modiste faisait assez complet pour que l'acheteur ne put acheter chat en poche.

— Madame X me plaît beaucoup, disait l'amateur après avoir fait son choix dans tout un défilé de clientes.

A ces mots, la Str..... ouvrait son livre de comptes :

— Elle me doit tant, répondait-elle.

— Affaire convenue...

Et la note acquittée par la couturière, devenait entre les mains du curieux une sorte de chèque, qui, à présentation, était payée par madame X... avertie.

On comprend que maris et amants attelés à cette dispendieuse charge d'habiller toutes les mesdames X. de la cour devaient arriver à battre monnaie par tous les moyens. Ce qu'on ne pouvait plus tirer des fortunes ruinées, on le demanda à l'agiotage, au vol, aux dilapidations pour soutenir le luxe de deux cents folles en renom.

De là toutes ces fournitures fausses, ces pots-de-vin monstrueux, ces transactions éhontées, ces marchés ignobles, en un mot, ce gaspillage sans vergogne que révélèrent, à l'heure du danger, les magasins de l'État.

Tel qui devait livrer deux mille chevaux sut n'en fournir que cinq cents ! On leur faisait traverser telle ville à ces chevaux... ils tournaient autour des remparts et rentraient plusieurs fois de suite par la

même porte devant l'inspecteur chargé de les compter au passage !

Dans un arsenal de province où l'État croyait pos-
séder 6,000 chassepots qu'on lui avait fait payer, on
ne trouva plus tard en ouvrant les caisses, que des
fusils à pierre, modèle réformé en 1842 !

On découvrit le harnachement incomplet de six
chevaux dans un magasin qui passait pour renfermer
l'équipement de trois régiments de grosse cavalerie.

Les bureaux de la guerre avaient conclu des marchés d'armes'et de munitions et toutes les marchan-
dises leur étaient livrées sans un ombre de contrôle.

Pour son armée de cinq cent mille hommes, l'État
comptait que la France possédait quatre chassepots
par homme et on se trouva sans fusils, quand nos
trois cent mille valeureux soldats tombèrent au
pouvoir de l'ennemi qui les désarma.

Je ne parle pas des boites de conserves qui, ou-
vertes, n'offraient à l'affamé que de vieilles éponges
ou des mottes de gazon.

Trois ou quatre cents filous, la plupart de haut
parage, avaient tiré argent de tout, soit pour spé-

culer eux-mêmes, soit pour fermer les yeux ou pour
se taire. Le besoin de luxe les rendaient avides et
leurs doigts se tendaient crochus aux larges pots-
de-vin.

Et cela, presque publiquement, à la connaissance
d'à peu près tout le monde !

— Monsieur de M... est dans l'affaire, disait-on,
dès les premiers jours de l'Empire, en parlant d'un
homme d'État connu pour faire suer une ample
commission à toutes les véreuses spéculations qu'il
protégeait.

La ruineuse et inutile campagne du Mexique n'at-
t-elle pas eu pour cause première une forte part
du gâteau, promise par un banquier à celui qui
poussa le souverain à cette lointaine et folle expédition, dans un pays où il avait acheté quatre cents
kilomètres de terres à revendre.....

Certains gros bonnets furent tant âpres à la curée
et tant adroits à la détrousse, qu'ils parvinrent à
tirer plusieurs moutures d'un seul sac. Pour la même
affaire, ils reçurent un pot-de-vin de quatre ou cinq
concurrents différents, qu'ils laissèrent ensuite le

bec dans l'eau. Ce fut parfois si habilement fait, que les volés, faute de preuves et par crainte, gardèrent un prudent silence.

Une anecdote, entre mille, prouvera pourtant que ces hardis coquins n'étaient pas toujours heureux dans l'art de gober des millions sans rien donner en échange, et qu'ils trouvèrent des pigeons qui surent défendre leurs plumes.

Un garçon d'esprit, habile aux affaires, bien appuyé près des banquiers, vit un jour arriver chez lui deux visiteurs qui venaient, disaient-ils, pour lui proposer une importante opération.

Il s'agissait de procurer deux millions à un jeune marquis, ruiné à plate couture, qui, pour redorer son blason, avait ambitieusement rêvé de se faire nommer fermier des jeux. Or, pour le rétablissement des jeux en France, il fallait la signature impériale. C'était cet autographe qu'un fonctionnaire très-haut gradé s'était engagé à fournir au marquis, pour la modeste somme de deux millions.

Donc on devait, avant tout, trouver la somme.
Une fois maître du brevet, soit que le marquis

l'exploitât, soit qu'il le vendît, les capitaux abonderaient infailliblement. Aussi, le futur fermier des jeux promettait, pour cette époque, de récompenser grassement celui qui lui aurait fait avancer les deux millions de prime demandés pour la signature impériale.

Notre homme que nous appellerons P..... se mit en campagne, et, dès le lendemain, il trouva le banquier qui non-seulement avançait la prime, mais encore achèterait plus tard au marquis la concession obtenue.

La question se réduisait alors à ceci : « Donnant donnant ; voici la somme, livrez le brevet. » Devenu le mandataire du banquier qui lui avait remis les fonds, P..... demanda donc à être mis en rapport avec un intermédiaire sérieux, chez lequel l'échange se put faire.

On lui désigna un notaire qui devait le prévenir du moment fixé.

Il est inutile d'ajouter que la plus complète méfiance accompagnait cette mystérieuse opération. P..... ne voulait pas se dessaisir des fonds sans tenir le brevet. De son côté, le haut fonctionnaire avait averti qu'il ne lâcherait pas la précieuse autorisation sans être bien certain que les deux millions étaient déposés chez le notaire.

Entre ces deux volontés, le tabellion ne savait que résoudre.

— Il y aurait un moyen d'arranger la chose, lui dit P.....

— Lequel?

— Quand viendra l'heure, je vous remettrai la somme. Vous l'enfermerez dans votre caisse, dont vous me confierez ensuite la clef. Vous pourrez ainsi affirmer que vous avez les fonds, et moi je vous restituerai la clef quand j'aurai reçu le brevet.

— Accepté...

Enfin arriva le jour... ou plutôt la nuit. Pendant un grand bal des Tuileries, devait se tenir dans les appartements privés un petit conseil. C'était à ce moment que le haut fonctionnaire en question se faisait fort d'obtenir cette signature qu'il vendait... Aussitôt en son pouvoir, il expédiait la nomination chez le notaire, qui devait l'attendre toute la nuit.

A minuit sonnant, heure militaire, P..... arrive chez le tabellion. Il était porteur d'un chèque de deux millions. La valeur, bien examinée par le notaire, fut enfermée dans le coffre-fort dont P..... prit la clef.

— Maintenant, restons ici !... dit-il.

— En buvant un grog ? proposa le notaire.

— Et en faisant un piquet ? ajouta P...

Et cartes et verre en mains, nos deux hommes attendirent pendant qu'on dansait aux Tuileries.

Sur les trois heures du matin, on sonna.

C'était un beau jeune homme, tout grelottant sous la pelisse de fourrure qui recouvrait sa toilette de bal. Secrétaire ou aide de camp du fonctionnaire, il se présentait en son nom.

— Vous avez les fonds ? fut sa première question au notaire.

— Ils sont dans ma caisse.

— Veillez me les donner? dit-il.

Le notaire lui expliqua la précaution prise pour la clef, par P..... qui, muet sur sa chaise, avait attendu

que l'envoyé fît un autre geste que celui de tendre
la main pour recevoir le double million.

— Pardon ! fit-il, n'avez-vous pas quelque chose à
me remettre en échange?

— On m'a chargé de vous dire que le prochain
Moniteur contiendra la nomination... le brevet sera
expédié plus tard.

— Hum! hum! fit P..... méfiant.

— Douteriez-vous de la personne qui m'envoie?
demanda sèchement le jeune homme.

— Nullement... attendu que j'ignore quelle est
cette personne et que je ne veux pas la connaître,
mais je n'ai qu'une consigne : « Donnant, donnant. »

— Je vous répète que la nomination doit paraître
au *Moniteur* dans quelques heures.

— Eh bien, cher monsieur, jouez, buvez et attendez
avec nous ici jusqu'au chant du coq. Nous enverrons
acheter le journal, et aussitôt que la presse officielle
m'aura convaincu, je rends sa clef au notaire, qui vous
livre la somme.

Quoi qu'il pût dire, l'envoyé n'eut pas raison de P..., qui resta inflexible. Il partit furieux pour en reférer à celui qu'il représentait, promettant d'être bientôt de retour. Inutile d'ajouter qu'il ne revint pas !

Le haut fonctionnaire, jugeant le coup manqué, ne crut pas devoir à nouveau tenter l'aventure.

Quand il parut, le *Moniteur* ne contenait pas le plus mince alinéa sur la question des jeux, et P..., en remportant son chèque, s'applaudit de la prudente précaution qui avait empêché ses millions de reprendre leur vol vers les hautes régions.

Une fois sorti de ses mains, cet argent, faute de preuves, eût été perdu pour lui, et afin de mettre un terme à ses réclamations on lui eût sans doute octroyé un cabanon à Bicêtre ou un *buen retiro* à Cayenne; d'autant que, peu de jours après, le *Moniteur* démentit officiellement le bruit qu'on avait fait courir du prochain rétablissement des jeux.

Ainsi procédaient ces maîtres écumeurs ! Tout leur était bon du reste. Pour mille écus comme pour des millions ils étendaient la griffe. Et cela, presque au

grand jour ; ils travaillaient parfois même sous « l'œil
auguste. » En voulez-vous une preuve ?

Quand la belle mademoiselle B..., lectrice de la
souveraine se maria, l'empereur donna l'ordre qu'un
bouquet de diamants lui fût remis de sa part. Le
prix réclamé pour ce cadeau de noces fut de quarante
mille francs, que Napoléon III fit payer par sa cassette.
Deux mois après la nouvelle mariée reparut à un bal
de la cour, tout étincelante de diamants dus à la
générosité conjugale. L'empereur, qui croyait être
pour beaucoup dans cet incendie de lumineuses
pierreries, attendit d'abord un remercîment, mais
ne voyant rien arriver il s'approcha de l'ex-lectrice.

— Dites-moi, madame, fit-il... et mon bouquet ?

La nouvelle mariée indiqua une fort modeste gerbe
attachée à son corsage.

— Vous voyez, Sire, je m'en pare, dit-elle.

— Et moi je m'en DÉPARE (*sic*), répliqua aussitôt le
souverain qui du premier coup d'œil venait de
reconnaître que son cadeau ne valait pas dix mille
francs.

Et nous ne citons ici ce dernier tour que comme

un simple enfantillage... une mignonne farce... un médiocre exploit à la fortune du pot, seulement pour fournir à l'argent de poche. Dame! que voulez-vous? il fallait bien profiter de tout pour suffire à cette stupide prodigalité, qui après le grand monde avait fini par s'infiltrer à la longue dans toutes les classes de la société.

Oui, cent fois, oui : affaire de femmes, telle est selon nous la cause première de notre dégénérescence morale et physique. Un amoureux caprice avait fait asseoir au premier rang une femme dont la frivolité sembla croire que le trône de France était une montre à étaler les modes nouvelles des couturières en renom. Encore si cette frivolité s'en était tenue à une perpétuelle exhibition de chiffons nouveaux ou d'ébouriffants chignons!! Mais vint le jour où, dans cette légère cervelle, germa l'idée que les affaires de l'État n'étaient pas plus difficiles à discuter que les tuyautés en oblique et les petits ruchés de gaze. Ce jour-là, l'Empire dégringola vite dans ridicule et plus tard dans l'odieux.

Ignorante, entêtée, superstitieuse et bigotte, une telle nature était d'une facile conquête pour les adroits du parti clérical, qui en firent un instrument des plus dociles. Aux cléricaux se joignirent les parvenus à la cour, ceux qui, ne pouvant pas encore « se retirer après fortune faite » voulaient semer pour récolter à la saison de la Régence. Dès lors la cour se divisa en deux camps : le parti de l'empereur et celui de l'impératrice.

A l'instar de ces malins, qui, pour l'exploiter au début de son règne, avaient inventé et trompetté Napoléon III comme un profond et habile politique, ceux qui tenaient les fils, faisant jouer l'impératrice, la prônèrent *urbi et orbi* comme une mère anxieuse de l'avenir, et voulant veiller de près sur l'héritage qui attendait son fils.

— Elle demande à voir les livres..., dit un facétieux chambellan le jour où S. M. Eugénie fit sa première querelle de ménage pour arriver au but désiré.

Car, bien des événements politiques ont été la suite d'une triviale scène de ménage entre une femme tenace et un époux vieilli et ennuyé qui cédait trop souvent pour s'assurer un repos obstinément troublé à table, à la messe, au bal, partout enfin, en public, comme en tête-à-tête, devant la valetaille comme en présence des grands dignitaires.

De même que l'arc-en-ciel brille après la tempête, tous ces orages conjugaux étaient invariablement suivis de cette nouvelle, insérée par les journaux : « L'impératrice assistait hier au conseil des ministres. »

Assister au conseil allait de pair pour l'impératrice avec cette autre importante occupation de décider la toilette du jour devant un mannequin — grande poupée, qu'on lui descendait tout habillée, par une trappe du plafond de la *salle des atours*. — Au mannequin elle enlevait une garniture de jupe ; au chef de l'État, elle arrachait la destitution..... de M. Duruy, par exemple, le seul ministre indépendant et libéral de l'Empire. Elle faisait indifféremment coudre un volant à la poupée ou déchirer cette convention de la Solelad qui, éloignant de nous l'Angleterre et l'Espagne, nous laissa seuls engagés dans la triste expédition du Mexique.

Mannequin elle-même entre les mains des cléricaux qui faisaient appel à sa bigoterie, elle croyait

défendre ainsi les intérêts de la religion d'État,
menacée par les tendances de M. Duruy ou par les
persécutions de Juarez. Au fond, elle était simplement
la dupe de quelques rusés compères, qui en jouaient
adroitement dans l'intérêt de leur ambition ou pour
la réussite de leurs combinaisons financières.

Quels yeux effarés ouvriraient bien des gens s'ils
savaient combien certaine fille de joie, dont on a tant
parlé a pesé sur la politique française. Le fait est pourtant vrai. Une amoureuse correspondance, adressée à
mademoiselle Marguerite Bellanger par l'empereur et
qui, plus tard, tomba entre les mains de l'épouse
trompée, servit maintes fois de moyen d'intimidation
pour obtenir du triste sire toutes ces dangereuses
concessions par lesquelles il espérait « gagner sa
tranquillité. »

La menace d'une publication de l'auguste prose
était une sorte d'épée de Damoclès perpétuellement
pendue au-dessus de la tête du souverain, agacé
dans son repos. Un beau jour, il voulut se roidir
contre ce chantage à l'épître et il refusa net... Nous
ne savons plus quel consentement on voulait lui
extorquer.

Aussitôt, dans le parti de l'impératrice, on se mit en campagne.

Celui qui écrit ce livre avait alors accepté la tâche de rédiger, chaque jour, dans le *Gaulois*, une chronique mondaine ; un de ceux qu'on appelait en ce moment « les bien en cour » se présente chez lui.

— Mon cher ami, dit-il, voulez-vous me rendre un service ?

— Lequel ?

— Insérez moi donc dans le *Gaulois*, sans chercher à la comprendre, une petite phrase que je vais vous donner.

— Bon, dictez.

Et l'autre dicta : « *On parle, dans le monde officiel, du prochain mariage de mademoiselle Marguerite Bellanger... vous ne devinerez jamais avec qui ?* »

Le jour où ces lignes furent insérées, l'impératrice vint montrer fièrement le journal à son époux.

— Vous voyez qu'on a encore des amis! lui dit-elle, attendez la très-prochaine suite.

Napoléon III crut-il à un nouveau scandale bientôt propagé par le *Gaulois*? Nous l'ignorons. Mais le parti de l'empereur s'effraya et, deux jours après, la vente sur la voie publique fut retirée au *Gaulois*.

Le propriétaire-gérant de la feuille supprimée sans aucun avertissement préalable, courut au ministère de l'intérieur pour réclamer contre une mesure dont il ne devinait pas le motif, car il avait fort innocemment laissé passer le fait-divers en question.

Le directeur de la presse, qui reçut le réclamant n'eut pas le courage d'avouer la vérité:

— Ah! s'écria-t-il, entre nous, vous l'avez bien mérité! comment? vous laissez Edmond About plaisanter sur la Saint-Charlemagne!...

Et voilà.

Après ce service qui lui avait fait obtenir ce qu'elle désirait de son époux effrayé, S. M. Eugénie oublia complétement le *Gaulois*, qui durant trois mois, se vit la voie publique interdite, et l'empereur fit prendre au journal un abonnement en son nom personnel.

Aujourd'hui, seulement, s'il lit ces lignes. M. Tarbé,

apprendra qu'il a été puni pour complicité de troubles dans le ménage impérial.

Rien de plus tristement burlesque, on le voit, que le caractère de ce souverain, perpétuellement tiraillé par ses favoris pour lui arracher une décision que l'impératrice, à l'instigation de ses partisans, contrecarrait victorieusement plus tard.

Dans ces ridicules intrigues du palais, la gloire et les intérêts de la France n'entraient pour rien. Chez ceux-ci, il s'agissait uniquement de consolider leur position, sous la gouttière des faveurs et en bonne exposition au soleil impérial. Ceux-là travaillaient en vue de la Régence, cette vache grasse qu'ils se promettaient de traire.

Cette Régence, ils sont enfin parvenus à l'obtenir ! Ils s'y sont cramponnés avec une inepte énergie et plutôt que de lâcher prise, ils ont préféré entraîner la France dans un terrible naufrage. A tout ce qui pouvait nous sauver encore, ils se sont systématiquement opposés. Certains d'être non moins bêtement obéis par celui qui leur avait si imprudemment remis ses pouvoirs, — pour sauvegarder les droits

au trône du prince héritier qu'on emmenait au feu !
ils ont persisté, malgré l'empereur lui-même [1] à
vouloir réunir Mac-Mahon à Bazaine, afin que toutes
les forces du pays fussent ainsi mieux massées sous
le même coup du filet prussien...

On croit rêver en songeant que le sort de la France,
en une aussi effroyable passe, a été confiée aux
mains d'une femme frivole et de ses familiers intimes
dont les jeux innocents et les tableaux vivants de
Compiègne constituaient toute la science politique et
militaire !

Il suffit de parcourir les dépêches échangées entre
les Tuileries et Metz, pour découvrir toute l'inconcevable légèreté avec laquelle fut entreprise cette campagne « contre les protestants. » Personne n'ignore à
ce jour avec quel manque d'unité et de direction l'armée fut conduite. D'accord avec l'état-major de Metz

1. L'empereur écrivit le 13 septembre au « de Moltke de
l'Angleterre » *Feld-Moréchal sir John Bargogne*, que « *Des
considérations politiques nous ont forcé à faire la marche la
plus imprudente et la moins stratégique, qui a fini par le désastre de Sedan.*

les ordres se croisent et reviennent contredire ceux du ministère à Paris.

La régente met la main sur tous les services militaires et l'empereur conserve devant les plus grands désastres sa souriante et impuissante impassibilité.

Les dépêches adressées à l'impératrice étaient traduites en un chiffre spécial indéchiffrable pour tout l'entourage : l'impératrice en avait *seule* la clef ; mais elle avait promis à son époux de les communiquer au président du sénat et au ministre de la guerre !

Transcrites sur un petit carnet particulier, ces dépêches furent trouvées, dans un des coffrets, abandonnés aux Tuileries par la régente en retraite... le 4 septembre.

La première, datée de « Metz, 29 juillet, » est assez originale. Elle est signée : Louis.

L'enfant, se croyant toujours « au bois de Boulogne, » écrivait naïvement à sa mère : Tous les soldats *sont enchantés !...*

Nous avons malheureusement été témoins du contraire et nous regrettons de donner un démenti formel au jeune héros de Saarbrück.

Au camp de Nancy, où la cavalerie de la garde fut laissée sans fourrages et sans distributions, comme au ban Saint-Martin, où nous avons entendu les réclamations inouïes des soldats, en présence de l'angoisse et de la déception de leurs généraux, personne n'avait l'air enchanté !...

Certes, en tout état de cause, nous voudrions respecter la femme et l'enfant... ainsi que tout galant homme doit le faire ; mais pouvons-nous oublier que cette ci-devant belle Espagnole parlait et agissait en souveraine de France, et qu'elle prit au gouvernement une part trop grande.

Les dépêches des généraux au ministère sont invraisemblables. Parmi les plus tristes, citons au hasard les suivantes :

« Frossard écrit le 26 juillet : « Le dépôt envoie d'énormes paquets de cartes inutiles pour le moment. Nous *n'avons pas une carte de la frontière de France !* Il serait préférable d'envoyer en plus grand nombre ce qui serait utile et dont nous manquons complétement. »

Le major général télégraphie :

« Metz, 27 juillet 1870.

« Les détachements qui rejoignent l'armée continuent à arriver sans *cartouches* et sans campement. »

Le général qui commande le parc d'artillerie à Douai, écrit au ministre de la guerre :

« Le colonel du 1er du train m'informe que sur 800 colliers restant à la direction de Saint-Omer, 500 destinés à l'artillerie se trouvent *trop étroits!*... Il y a à Douai 1,700 colliers dont un tiers est dans le même cas !... »

Le maréchal Canrobert écrit de Châlons, le 4 août, que dans les vingt batteries du 6e corps, il n'a qu'un seul vétérinaire... que les mobiles, après l'avoir assez mal reçu en criant : Serrons les RRRangs, sont venus lui exprimer leurs regrets en le priant *d'allumer* lui-même le bûcher sur lequel nos moblots devaient brûler en effigie Bismark et Guillaume !

Quant au général en chef, Napoléon III, que l'on

nommera : Invasion III, voici son opinion sur ces mobiles organisés par ses soins...

« *Empereur à Guerre.*

« Camp de Châlons, 18 août 1870.

« Ne pourrait-on pas, d'après la nouvelle loi, incorporer dans chaque bataillon de ligne cent hommes de la garde nationale mobile? Ce serait la meilleure manière de les utiliser.

« N. »

C'est le général Trochu qui s'est chargé de répondre à cette question. Il a fait expédier tous les mobiles sur Paris.

L'intendant général écrivait au ministère, à la fin de juillet : « Il n'y a à Metz, ni café, ni riz, ni eau-de-vie, ni sel, peu de lard et de biscuit, ni infirmiers, ni ouvriers d'administration, ni caissons d'ambulance, ni fours de campagne. Le 4ᵉ corps n'a encore ni cantines, ni ambulances, ni *voitures d'équipage* (sic) pour les corps et les états-majors, etc., etc... »

Il faudrait un volume de notes pour enregistrer toutes ces effroyables dépêches!

Et pourtant la guerre n'était pour la régente que la continuation des parades de la cour. Elle avait été opiniâtre à l'allumer quand les cléricaux lui eurent prêché la « croisade sainte » en lui persuadant, que ce serait abattre du même coup, le protestantisme triomphant et le parti prétendu libéral qui, depuis le 1er janvier 1870, captivait seul l'attention de l'empereur...

Enfin, pour donner ici une dernière preuve, que dans l'entourage impérial, personne ne savait ce qu'il disait ni ce qu'il faisait (que tout était affaire de femme), joignons à ces basses intrigues et à tous les mensonges officiels, les excitations incessantes d'une excentrique amie, épouse d'un ambassadeur étranger dont la mission consistait à mettre toujours la *Prusse à l'oreille* de Sa Majesté et qui, depuis Sadowa, avait compté sur la France pour venger son pays vaincu.

Tel est le bilan de cette pauvre régence qui — sans espoir de nous sauver — nous a perdus. En empêchant

Napoléon III, inutile à l'armée, de revenir à Paris, sous prétexte d'une révolution à craindre, et en envoyant en Belgique l'héritier de la couronne « pour ménager l'avenir », elle nous a précisément valu le 4 Septembre qu'elle voulait éviter. Incapable de nous défendre contre l'invasion, elle n'a même pas su nous épargner la révolution.

Dépossédée du pouvoir, et se retirant comme Tartuffe, elle a conservé l'audace des jours heureux... Afin de s'excuser d'avoir précipité la France dans l'abîme, on la voit *prétendre* que SANS LE 4 SEPTEMBRE, elle allait être secourue par de puissantes alliances... Nous n'en donnerons pas d'autre preuve que cette lettre de l'impératrice au czar, qu'un journal bonapartiste — croyant faire *flores* — publiait dernièrement [1]. Est-ce bien là le langage d'une souveraine à une alliée? Non, assurément! c'est tout au plus l'humble supplique d'une comédienne qui se trouvant sur le pavé demande à remonter sur la scène.

Brillantes cocodettes, fanatiques confesseurs, imprudents ministres, diplomates rusés, généraux de

____

(1) Voir aux appendices qui terminent ce volume.

salon, silencieux médecins, vous étiez tous les comparses d'une Espagnole acariâtre, qui n'a montré un peu de dignité que le jour du départ, mais qui est capable de tout oser maintenant pour reconquérir sa couronne de lauriers roses.

CHAPITRE II

ICI...

Maintenant que nous payons les pots cassés, il nous est permis de sonder notre bêtise et de nous demander si, pour un Hohenzollern [1] sur le trône

1. On sait maintenant que, dès l'année 1869, Napoléon III, attendait un prétexte de rupture et il méditait une petite conspiration contre la Prusse. L'envoi du général Fleury à Pétersbourg et la mission d'un certain capitaine Samuel à Berlin sont très-significatifs. L'impératrice et le général Fleury étaient seuls dans la confidence de Bonaparte. Il fallait : tâter la Russie, — Fleury en était digne; — surveiller de Moltke, — ce fut le capitaine Samuel qui eut cet honneur.

Dès le 9 avril, il envoie la dépêche suivante :

« Depuis lundi, je suis le général von Moltke, qui visite nos frontières et étudie nos positions. Lundi je l'ai rencontré à Mayence; mardi, à Birkenfeld où il prit des notes sur les hauteurs; le même jour il coucha à Saarbrück, où il leva des plans de positions défensives à la gare et au canal. Hier, il était à Saarlouis. Malgré le mauvais temps, il est sorti pour visiter les hauteurs de Vaudevauge et de Bérus. Je prévois, d'après mes informations, qu'il se rendra ce soir ou demain à Frier et suivra le

d'Espagne, nous aurions été beaucoup plus humiliés
que nous ne le sommes aujourd'hui avec une partie
de notre territoire envahi et deux de nos plus belles
provinces perdues... Mais, à cette époque, le moindre
Hohenzollern, ne fût-il assis qu'à moitié sur le trône
mal assuré de toutes les Espagnes, constituait pour
nous une si profonde humiliation que le journaliste
H. Pessard, dans son indignation de patriote galant,
écrivit cette phrase célèbre :

— Ne tolérons pas le Hohenzollern, car *pas une
femme ne voudrait plus accepter le bras d'un Français.*

A cette pensée, qu'aucune femme ne l'accepterait
plus, chaque bras français et masculin se leva fré-
missant de rage, quand le marquis Agénor de Grammont annonça, le 6 juillet, que le gouvernement — qui
avait l'œil à tout — ayant surpris un petit Hohen-

cours de la Moselle. Dois-je continuer à le suivre? Réponse au
bureau de Forbach.

« Capitaine SAMUEL. »

La réponse fut : Suivez-le.

Le capitaine était plus habile que le général. Notre pauvre
ambassadeur ne suivait en Russie que les chasses du czar, qui le
mettait dans un impérial traîneau sur la piste des ours, pendant
que les Gortschakoff et les Bismark se partageaient la France et
l'Europe.

zollern qui se glissait en tapinois vers le fauteuil de
Charles-Quint, avait dit fièrement à la Prusse : Ren-
trez votre candidat ou je me fâche !!!

Belle séance ! Rappelons-nous-la !

Les tribunes étaient garnies de tout un peuple de
femmes élégantes, accourues pour admirer M. de
Grammont, beau du courroux que lui inspirait l'idée
qu'un Hohenzollern pût songer à s'installer sur une
place encore chaude des puissants attraits de la
reine Isabelle. A la voix indignée du ministre, un
frisson guerrier souleva toutes les poitrines de ces
dames... gracieux spectacle !

En vain le maintien de la paix fut-il demandé par
quelques prudents députés (hommes sans amour-
propre, qui ne comprenaient pas combien il est
honteux de se voir refuser le bras par toutes les
femmes), leur voix fut étouffée sous cette phrase aussi
creuse que sonore d'Émile Ollivier :

— Le gouvernement désire la paix avec passion,
mais avec honneur !

En vain M. Thiers s'efforce de prouver que, pour
déclarer la guerre, il faut avoir d'abord une forte

armée bien pourvue de tout ; on refuse d'écouter ses sornettes et, si on ne l'appelle pas mouchard ni vendu, c'est que les... Pessardistes sont tout à la joie de pouvoir offrir fièrement aux dames un bras qui vibre de patriotisme.

C'en est fait, MM. Pessard et de Grammont l'emportent. Ils ont remué le pays, suivant la formule connue : « Agiter avant de s'en servir. »

Aussitôt la *Marseillaise* éclate partout, dans tout, pour tout. On la chante seul, en chœur, en omnibus, à confesse, avec son huissier ou sa portière. C'est un besoin général de brailler le chant national, dont pourtant on ne connaît, encore assez mal, que le premier couplet. On le hurle, comme vous savez, avec la fameuse *furia* légendaire. C'est à qui criera le plus tôt : *Aux armes !* Quand les premiers en sont restés au « jour de gloire », les autres lèvent « l'étendard » du quatrième vers, et les impatients essoufflés arrachent déjà « les fils et les compagnes. »

Les théâtres font chanter la *Marseillaise* par une **Marie** aimée. Ici, c'est la robuste **Marie** Sasse, qui **cherche à s'envelopper dans un drapeau... trop étroit.**

Là, c'est *Marie* Rose, une de nos gloires municipales.
Plus loin, voici *Marie* Laurent (en costume de pau-
vresse ?) qui, de sa voix rude, électrise son parterre !

Sur les boulevards foule énorme ; quand vient le
soir, circulation impossible ; blouses et habits se
mêlent parfois, tandis que les montres se dispersent.
Pas un journal ne rate cette phrase : « Une étincelle
électrique a enflammé tous les cœurs! »

Non pas tous, pourtant, car il y avait les partisans
de la paix (les bras froids) qui cherchaient bien à
protester ; mais le peuple le plus spirituel de la terre
les assommait avec un tel ensemble, que force leur
était d'écouter, sans souffler mot, ce cri rhythmé sur
l'air des lampions : A Berlin ! à Berlin !

Et comme il est dans nos habitudes de supposer
un but intéressé à tous les actes, les amis de la paix
accusaient les partisans de la guerre d'être payés par
la police, et les belliqueux reprochaient aux paci-
fiques d'être vendus à l'infâme roi Guillaume.

Cependant, la Prusse venait de retirer son malen-
contreux Hohenzollern : Hector Pessard n'avait plus

rien à dire, et la chose pouvait s'arranger ; quant à la Chambre, E. Ollivier lance son *cœur léger*, à quoi Jules Favre — ce qu'on a oublié — répond par son *cœur troublé.*

A choisir entre ces deux cœurs, l'assemblée se décide pour le moins lourd et 270 voix acclament Ollivier.

M. Thiers, du haut de la tribune, jette vainement un dernier cri d'alarme...

— Vous êtes la trompette des désastres de la France ! lui crie le marquis de Piré, des profondeurs de la majorité.

Et de fait l'assemblée pouvait-elle hésiter en voyant la majestueuse assurance du maréchal ministre de la guerre, qui semblait promettre que, seulement avec un torchon mouillé, il aurait raison des Prussiens ?

L'enthousiasme qui, au dire des reporters, « débordait de toutes les poitrines », se calma un peu vers la mi-juillet, quand la guerre eut été officiellement déclarée. Aux bruyantes fanfaronnades succéda une vaniteuse assurance. Pas un doute qu'on ne serait bientôt vainqueur. On régla d'avance la marche triomphale de l'armée, on précisa les futures victoires et on fixa la date de l'entrée à Berlin !

Après tout, n'avait-on pas pleinement raison ? Pouvait-on soupçonner que tout allait craquer à la fois, que le pillage scandaleux organisé depuis si longtemps devait bientôt nous laisser sans ressources et que les favoris de cour, tant prônés, donneraient si vite la preuve de leur complète nullité ?

La guerre une fois déclarée, le premier sentiment public avait été celui d'une nerveuse impatience.

— Quand part le chef de l'État? se demandait-on :

Quelques farceurs, pour jeter une pâture à la curiosité générale, annoncent que M. François sousdirecteur de la cuisine impériale, vient de quitter Paris pour aller organiser la cantine de Sa Majesté. Cette importante nouvelle ne calme pas les imaginations surexcitées... Enfin l'empereur, sans tambour ni trompette, suit bientôt François, emmenant avec lui cette voiture de campagne qu'on lui avait expédiée de Londres. Une voiture et de la cuisine assurées, tout va bien ! Ajoutons vite qu'on fit courir après le souverain pour lui remettre une caisse de cigarettes oubliée à Saint-Cloud.

De son côté, l'impératrice s'élance vers Cherbourg, — en robe mauve, — pour aller boire le coup du départ sur la flotte qui va lever l'ancre. Au sortir de table, petit speech de la régente, pouvant se résumer en cette banale promesse que l'ennemi n'ayant pas de flotte à nous opposer, la marine française est appelée à jouer dans la guerre... un rôle glorieux!!! simples paroles qui enflamment nos ardents marins.

Alors chacun achète un demi-cent d'épingles et sa carte d'Allemagne... façon peu fatigante de suivre notre armée en campagne. Pour se guider sur cet itinéraire, on assiége les kiosques afin de dévorer la « correspondance particulière » des journaux. C'est le moment que maître Ollivier, adroit comme toujours, choisit pour interdire « de rendre compte par un moyen de publication quelconque des mouvements de troupes et des opérations militaires de terreou de mer. »

Mais il a beau faire, le triste sire, c'est par les feuilles anglaises ou belges que nous arriveront les nouvelles.... et quelles nouvelles!!!

La première, datée de Saarbrück, annonce un avantage qui, à cette distance, prendrait les proportions d'un immense succès, si la dépêche officielle n'avait eu soin de le rendre ridicule en nous parlant de l'enfant qui ramasse des balles. « Il y a des vieux soldats qui pleuraient en le voyant si calme », ajoute une correspondance du souverain à la régente. Aussi les gens un peu sensés haussent-ils les épaules en se demandant si ce gamin qui, à quatorze ans, reste calme devant la première tuerie d'hommes à laquelle il assiste n'est pas tout simplement un petit phénomène d'insensibilité. Jolie promesse pour l'avenir !

Si minime qu'il soit, le succès de Saarbrück donna aux Parisiens l'unique joie qui leur était réservée en cette longue guerre.

Car, il ne faut pas compter les deux heures de folie enthousiaste causée, le lendemain, par la fausse nouvelle d'un prodigieux succès remporté par le maréchal de Mac-Mahon... énorme canard attribué naturellement aux agents de M. de Bismark qui voulait se gausser des Parisiens. Ce fut un délire, bien court il est vrai, mais qui suffit à la foule : 1° pour arrêter un omnibus afin de faire chanter la *Marseil-*

laise au ténorino Capoul qui se trouvait perché sur l'impériale ; 2ᵃ pour étrangler un monsieur qui, au milieu de l'affolement général, avait osé avancer cette insolente proposition : « Si nous attendions que la nouvelle fût bien officielle ? » Chose assez bizarre ! cet étranglé, qui mourut le soir même, était un magistrat de province arrivé à Paris pour se faire soigner d'une maladie de larynx ; sa guérison fut radicale.

A l'ivresse du triomphe succéda tout à coup l'affaissement du désespoir, quand on apprit que la population avait été victime d'une odieuse mystification dont on venait d'arrêter les auteurs.

A propos, que sont devenus ces gens arrêtés ? Si, on ne les a pas mangés pendant le siége, il serait grandement temps de les juger, — avouons-le.

Mais c'est fini de rire. Maintenant les nouvelles vont se succéder navrantes et sinistres, toujours apportées par les feuilles étrangères. Le 6 août, arrive celle de la défaite de Wissembourg où succombe en désespéré le général Abel Douai.

La foule, dans un moment de rage à cette nouvelle, se venge sur la boutique d'un changeur dont elle brise la devanture. Pourquoi ? Il a crié : Vive la Prusse ! dit-on ; informations prises, on découvre que le coup a été monté par des gaillards qui ont voulu profiter de ce tumulte, soulevé par eux, au moment où le changeur faisait transporter son or à la Banque.

Car il est à remarquer qu'une bande de malins a largement vécu au milieu du trouble général. Nous la retrouvons plus tard, sur la place de la Concorde, au pied de la statue couronnée de Strasbourg, faisant une quête pour les « héroïques défenseurs de cette ville » et disparaissant avec une copieuse recette. — Sans doute, c'est encore elle qui, à l'heure de l'approvisionnement de Paris, sut empaumer des bouviers naïfs, qu'on fit boire à la barrière pendant qu'on leur détournait un troupeau de 217 bœufs qui disparurent comme une simple muscade, sans qu'il fût possible d'en retrouver trace.

Revenons à nos moutons.

La débâcle avait commencé. Quarante-huit heures après Wissembourg, éclatait la nouvelle du triple échec de Wœrth, Frescheviller et Reischoffen. Mac-Mahon avait été forcé de se replier sur Saverne, et

derrière lui l'invasion avait mis le pied sur le territoire. Elle s'avançait, après avoir laissé un corps
d'armée devant Strasbourg, à peine en état de défense.

Le premier moment de stupeur passé, chacun se
fit stratégiste. Épingle et carte en mains, on finit
par se persuader que l'ennemi avait été *attiré* en
France « pour mieux l'écraser sur un terrain qu'il ne
connaissait pas. » Pendant cinq jours on fut sans rien
apprendre de positif sur notre armée. A cette époque
on n'avait pas encore inventé de se dire toujours
trahi ; et puis, l'heure de la désillusion n'étant pas
encore arrivée, comme on ne se croyait pas vaincu,
on n'avait pas encore besoin de faire quelqu'un ou
quelque chose uniquement responsable d'un malheur
qui se pouvait attribuer justement à tous.

Loin d'effrayer, ce silence rassura notre optimisme.
« Pas de nouvelles, bonnes nouvelles ! » se répétait-on
en prêtant à Lebœuf un plan immanquable, qui, soigneusement dissimulé, devait surprendre l'ennemi et
lui faire promptement rebrousser chemin.

Le 11 août, une dépêche arriva. — Enfin !!! — Elle

annonçait à la population palpitante d'inquiétude
« qu'à Metz il pleuvait à torrents. » Ce singulier mes-
sage, en d'aussi terribles circonstances, est bien le
plus parfait spécimen du système toujours suivi par
l'Empire. Pendant dix-huit années, chaque fois qu'il lui
avait fallu confesser la vérité, ses fameux discours
de la couronne avaient parlé de la pluie et du beau
temps. — Le « il pleut à Metz » restera comme un
grotesque pendant au « j'ai tué six loups » de *Ruy
Blas*.

Et pourtant cette dépêche, qui aurait dû irriter le
public assez berné, n'ébranla pas encore l'espoir que
notre vanité nationale voulait conserver quand même.
Les optimistes enragés se forgèrent une bourde
énorme qui fut acceptée par la foule. On affirmait que
l'empereur avait remporté une grande victoire dont
il reculait l'annonce jusqu'au 15 août, date de sa
fête !

Le matin du jour désigné, toute la France anxieuse
ouvrit donc l'*Officiel,* où elle apprit que Charles
Narrey, homme de lettres, était nommé chevalier de
la légion d'honneur [1].

1. Ce fut le dernier chevalier de l'Empire !

Faute d'une victoire, le gouvernement avait-il jugé cette compensation suffisante ?

Cependant on venait de balayer le ministère Ollivier pour le remplacer par celui du général comte de Palikao, qui avait juré de ne rien cacher au peuple.

On allait donc savoir la vérité, toute la vérité, rien que la vérité ! ! !

La première vérité que nous apprit M. de Palikao fut que, depuis trente années, il avait dans la poitrine une balle qui l'empêchait de parler !

D'un homme d'État incapable de parler on ne pouvait exiger qu'il pût crier les nouvelles du haut de la tribune.

Aussi s'adressait-on aux autres ministres, qui répliquaient : « Le comte de Palikao ouvre seul les dépêches, interrogez-le ! » Et quand les indiscrets curieux relançaient le général, celui-ci répondait : Oh ! ma balle !

Certes, ce n'était pas mauvaise volonté de la part de M. de Palikao ; car dès que sa balle le lui permettait, il se répandait aussitôt en abondants détails, tels que :

— Je ne sais rien !

— Chut !

— Je ne puis parler.

Et les *renseignés* se retiraient heureux en se disant : « Faut-il que ça aille bien pour qu'il soit aussi discret !!! »

Nous nous repaissions de si chimériques espérances que nous apercevions encore l'avenir en beau quand le présent nous offrait la terrible situation suivante :

Strasbourg bombardé ;

Bazaine bloqué devant Metz, après quatre jours de sanglants combats ;

Mac-Mahon conduisant à son secours la dernière armée de la France ;

La marche lente, mais continue des soldats allemands qui avaient déjà atteint Nancy, et dont les uhlans étaient en vue de Châlons.

Tout aurait dû nous avertir de l'épouvantable réalité. Mais on espérait toujours, on ne voulait pas se reconnaître vaincu. On comptait sur un de ces coups de fortune qui tout à coup déplacent la chance, on croyait en l'étoile de Mac-Mahon qui devait tout changer dès qu'il aurait rejoint Bazaine.

Pouvait-on se laisser abattre, quand partout courait ce propos qu'on prêtait au ministre de la guerre :

— Si on connaissait ce que je sais, Paris illuminerait !

Et, quand notre orgueil national se cramponnait à ces dernières illusions, éclata subitement l'effroyable nouvelle de la capitulation de Sedan.

En six semaines tout s'était effondré. Après avoir, pendant dix-huit années, fait trembler l'Europe entière, l'Empire s'abîmait dans la honte et dans le sang.

CHAPITRE III

A notre déclaration de guerre, la Prusse avait d'abord tremblé.

En vue de cette lutte à laquelle depuis longtemps elle s'était formidâblement préparée, l'espionnage lui avait fait connaître bien à fond tous les vices de notre organisation militaire, l'insuffisance de notre artillerie et l'incapacité de certains chefs.

De plus, le plébiscite de mai, en énumérant le vote de l'armée, avait précisé le nombre des soldats et indiqué clairement l'affaiblissement de la discipline. — Cinquante mille hommes ayant voté, pour ainsi dire, à bulletin ouvert contre la politique de leur chef militaire!...

Désireuse de cette guerre, la Prusse avait adroite-

ment manœuvré pour que la déclaration vînt de la France ; mais en nous voyant si franchement tomber dans le piége, elle fut épouvantée d'avoir aussi vite atteint le but proposé. Il y avait tant de stupide démence de notre part à accepter la rencontre dans les conditions d'infériorité où nous nous trouvions, que de Molke et Bismark nous supposèrent aussitôt de secrètes ressources, échappées à leur espionnage, et de puissantes alliances discrètement nouées, qui allaient se produire au premier coup de canon. — La Prusse eut peur, nous le répétons, tant qu'elle ne fut pas bien persuadée de notre folie en nous voyant l'attaquer avec nos seules et propres forces.

Si donc, à ce premier moment d'hésitation de l'ennemi, la France, gagnant de vitesse, avait pénétré en Allemagne, elle empêchait la réunion de toutes ces hordes diverses qui devaient, plus tard, nous écraser sous le nombre.

Telle avait été l'idée première de l'empereur, ou, pour mieux dire, tel fut le plan soumis par le major général au conseil de guerre tenu à Saint-Cloud. L'empereur, entraîné par le parti de la régente, qui s'était liguée avec les militaires bien en cour, trompé

par tous ceux qui lui répétaient, sans en être sûrs,
qu'il ne nous manquait pas un bouton de guêtres,
était parti de Saint-Cloud bien certain de trouver là-
bas une armée compacte, pourvue de tout, et n'attendant plus que son signal pour entrer résolûment
en Allemagne.

Dès Nancy, où le wagon impérial s'arrêta une heure,
Bonaparte somnolent dut reconnaître son erreur
après avoir vu, sur toute sa route, les voies encombrées par les trains de matériel, de troupes ou de
vivres qui, entassés pêle-mêle aux gares, attendaient
vainement un ordre qui précisât leur destination. Le
désordre fut tel que des fourgons de vivres expédiés
vers la fin de juillet se trouvaient encore au même
endroit quand, six semaines plus tard, l'ennemi marchant sur Paris les vida au passage.

Quand il avait cru surprendre l'Allemagne par la
rapidité de son attaque, Napoléon III avait compté
sans les vices de notre organisation militaire qui, pendant que la Prusse avait amélioré la sienne, était
restée stationnaire dans sa déplorable routine.

Deux exemples suffiront pour prouver combien,

chez nous, il était impossible de débuter par un coup de foudre.

Parlons d'abord de ce qu'on appelle : *rejoindre son dépôt*. Il est possible qu'un soldat lorrain en congé appartienne à un régiment caserné à Nancy. En recevant l'ordre de le rejoindre, ce soldat, au lieu d'aller tout droit à son régiment, dont il est séparé par quelques kilomètres, doit d'abord gagner son dépôt... qui peut se trouver en Algérie... pour revenir ensuite d'Alger à Nancy. Il met ainsi quinze jours à faire ce qu'il aurait pu accomplir en deux heures. S'il fut un temps où *les armées sortaient subitement de dessous terre*, de ce temps-là, à coup sûr, on n'avait pas encore inventé la formalité de « rejoindre son dépôt. »

Autre preuve de notre « admirable » organisation. surtout en vue du début par un coup de foudre. En Prusse, chaque corps d'armée reste dans la province où il a été recruté, et garde avec lui tout le matériel de guerre qui lui est propre et il apprend à le manœuvrer. Au jour de la bataille, il arrive ainsi tout pourvu sur le lieu du combat.

Chez nous, les choses se passent autrement.

Nos troupes sont éparpillées sur tout le territoire, et ce n'est qu'en cas de guerre qu'on distribue le matériel entassé dans les nombreux magasins de l'État. Et pensez-vous qu'il puisse être promptement mis à la disposition des corps d'armée ? Vous serez édifiés à ce sujet quand vous saurez qu'à Vernon, où s'emmagasinent les voitures du train, on voulut, il y a trois ans, se rendre compte de ce qu'il faudrait de temps pour mettre sur leurs roues tous les véhicules engerbés.

L'expérience demanda sept mois ! Avouez que le coup de foudre, rêvé par Napoléon III, n'était guère possible.

Néanmoins, un maréchal se chargea, dit-on, si on lui donnait 50,000 hommes, de marcher sur Munich si rapidement, que tout le système allemand, détraqué avant d'être monté, ne pourrait réussir à l'arrêter :

— L'armée vivra sur le pays comme au Mexique, et les Bavarois surpris deviendront nos meilleurs alliés.

Ce mot : *vivre sur le pays* est tout le secret des intendants allemands, et le maréchal en question savait par expérience que, pour marcher vite en campagne et frapper fort, il faut éviter l'encombrement des routes et les formalités invraisemblables des bureaux de la guerre.

Le conseil de guerre, au lieu d'écouter ce plan de campagne, approuva le dispersement de notre armée en huit corps, sans penser que chaque jour de retard était une chance de perdue.

Si chaque corps d'armée eût possédé son propre matériel, il aurait pu l'emmener avec lui sur les diverses routes par lesquelles il se rendait aux rendez-vous assignés, ainsi que le font les Prussiens. Par le vice fondammental de notre organisation, par l'agglomération du matériel sur deux ou trois points éloignés du théâtre de la guerre, il en fut autrement. Toutes les voies furent donc encombrées par les bagages, les munitions et les vivres des différents corps d'armée. Les convois de soldats, les ambulances, tout le matériel, y compris les postes, s'entassèrent pêle-mêle sur la route, pendant que des ordres mal donnés ou mal interprétés dirigeaient les wagons de bœufs là où on attendait des troupes et emmenaient les soldats aux endroits où manquaient les vivres et les munitions.

Vous souvenez-vous, au début de la campagne, de ce général qui, croyant rejoindre sa division, se trouva seul au rendez-vous et chercha vainement ses troupes dirigées par erreur sur un autre point de la frontière ?

En gagnant Metz, j'avais découvert, dans une petite gare au-dessous de Pont-à-Mouson, six wagons de chevaux dont les gardiens, sans vivres, sans fourrages et surtout sans ordres, stationnaient là, perdus et oubliés : ils attendaient depuis cinq jours qu'on vînt leur apprendre vers quel point il fallait se diriger. En arrivant à Metz, à l'hôtel de l'Europe, le premier visage de connaissance que j'aperçus fut celui d'un officier d'état-major, de mes amis, joyeux garçon d'habitude, mais qui pour le moment offrait à mes yeux une mine des plus refrognées.

— Tiens, fit-il en me voyant, est-ce que vous arrivez seul ?

— Croyiez-vous donc, lui dis-je, que, comme vos généraux, j'allais amener des dames à la bataille ?

— Non, mon cher, je voulais vous demander si... par hasard... dans votre convoi vous n'aviez pas des chevaux... ceux du maréchal Lebœuf et de son état-major? Figurez-vous que nous ne savons pas ce qu'ils sont devenus! Le major général est à pied.

— Diable! c'est gênant.

— Si bien que le maréchal, ayant hier une reconnaissance à faire aux avant-postes, a été obligé de l'exécuter dans un char-à-bancs que nous nous sommes procuré à grand'peine chez le loueur Lazard!

— C'est encore heureux, car Lebœuf en aurait été réduit à s'asseoir dans une brouette traînée par un artilleur.....

Pour lui faire pardonner ma gaieté, je lui indiquai bien vite en quel endroit j'avais découvert les chevaux perdus qu'il reconnut bientôt à ma description, pour ceux de son maréchal... On parvint à grand'peine à les faire arriver cinq jours après!

En échange de ce service rendu, je demandai à mon ami quelques renseignements utiles à mon entrée en campagne, il me répondit aussitôt :

— Mon cher, je vous conseille de ne pas rester dix minutes avec nous, si vous n'êtes pas un *débrouillard*. Voyons, hein! êtes-vous un *débrouillard ?*

— Dites-moi d'abord ce que vous entendez par
« un débrouillard », je vous répondrai peut-être
après.

— Mais, c'est bien clair. Un débrouillard est un
homme qui sait se débrouiller, qui peut suppléer par
son intelligence, à des ordres toujours insuffisants,
ou à des événements imprévus... Depuis que nous
sommes ici, nous pataugeons dans un tel désordre,
qu'on ne sait plus auquel entendre ; aussi sur toute
l'échelle, du plus petit au plus grand, la réponse est
toujours invariable : *Débrouillez-vous*.

J'avais d'abord cru à une plaisanterie, je dus bientôt tristement reconnaître que mon ami disait vrai.
Dans cette masse d'hommes, mal équipés, mal nourris
et imparfaitement armés, sous cette direction suprême
d'un maréchal incontestablement brave, mais qui
n'avait rien des qualités qui justifient un tel poste,
entre ces différents généraux qui se jalousaient, dit-
on, et voulaient se distinguer quand même ! sous les
yeux du souverain ; entre ces huit corps d'armée
disséminés et se formant avec peine, sans parvenir à se relier les uns aux autres, même par un
télégraphe, en un mot, dans cette agglomération

confuse qui tenait la place d'une armée compacte, bien dirigée et pourvue du nécessaire, régnait un si prodigieux désordre que partout, au soldat qui réclamait du pain, comme au général qui demandait des ordres, l'unique réponse semblait être celle-ci : Débrouillez-vous !

Et pendant la durée de ce tohu-bohu indescriptible, notre ennemi, que nous croyions si loin, se concentrait en bon ordre, redoutablement armé derrière ses forêts de sapins verts, nous préparant rapidement cette surprise par laquelle nous avions voulu l'atterrer au début.

L'hôtel de l'Europe, transformé en quartier général, et la préfecture, où l'on attendait l'empereur, étaient pavoisés de drapeaux. Les Metzins furent invités à « arborer les couleurs nationales, » pour saluer l'arrivée de Napoléon III. Quelques-uns refusèrent.

Une descente de police eut lieu chez un négociant qui, pour toute réponse, dit aux agents :

— Voici mon drapeau... mais j'attends la première victoire pour le fixer à ma fenêtre.

Il fut dénoncé comme « vendu à la Prusse » et devint l'objet de mille vexations de la part des agents de la sûreté dont l'arrivée précéda celle du souverain. Ces fonctionnaires, tous corses, avaient l'uniforme de nos gardes des forêts, tenue verte et passe-poil jaune. Leur campagne cessa le 1er septembre. Faits prisonniers, ils furent laissés libres et *considérés* comme civils, malgré leurs sabres. Leur chef M. Galand, successeur de M. Hyrvoix, qu'on a promu à la dignité de trésorier-payeur général, pour avoir voulu lutter contre l'influence de l'impératrice, devait suivre partout l'empereur et avait mission de rendre compte à S. M. Eugénie de la conduite de son impérial malade.

Dès son arrivée à la préfecture, — où le nouveau cent-garde Baron de Bourgoing [1], ex-député, vint prendre sa place de bataille, — Napoléon III s'enferma dans le salon au rez-de-chaussée et dicta à M. Piétri la proclamation suivante qui avait été *approuvée* par le conseil des ministres :

1. Le baron de Bourgoing, ancien député, ancien écuyer, et ancien directeur des haras s'était engagé dans les cent-gardes afin, disait-il à l'impératrice, de ne pas quitter l'empereur.

« Soldats de l'armée du Rhin,

« Je viens me mettre à votre tête pour défendre
« l'honneur et le sol de la patrie.

« Vous allez combattre une des meilleures armées
« de l'Europe ; mais d'autres, qui valaient autant
« qu'elle, n'ont pu résister à votre bravoure.

« La guerre qui commence *sera longue et pénible,*
« car elle aura pour théâtre des lieux hérissés d'ob-
« stacles et de forteresses » (*et, pourtant, le conseil de
guerre avait décidé que la campagne serait courte et
bonne.*)

A ce passage de la dictée, le vicomte Daru, attaché
d'ambassade, vint mettre sous les yeux de l'empereur, avec les dépêches diplomatiques, l'appel au
peuple du roi Guillaume :

« Au moment de me rendre à l'armée, écrivait
« Guillaume, afin de combattre avec elle *pour l'hon-
« neur de l'Allemagne* et pour la conservation *de nos
« biens les plus précieux,* je veux, en considération de
« l'élan unanime avec lequel mon peuple s'est levé,
« accorder une amnistie pour crimes et délits po-
« litiques...

« Mon peuple sait comme moi *que la rupture de la*
« *paix* et les *actes hostiles* ne sont pas venus de
« nous.

« Mais, *provoqués*, nous sommes déterminés à
« soutenir la lutte comme nos pères, pour le salut
« de la patrie, avec la plus ferme confiance en
« Dieu. »

Napoléon III resta pensif, absorbé quelques minutes, puis il murmura :

— Amnistie, provocation, confiance en Dieu... La
Prusse avec l'Allemagne...

Et il remit la fin de sa proclamation à un autre
moment.

On remarquera que la dernière phrase de l'impérial
écrit, terminé le lendemain, est une réponse au roi
de Prusse : « De nos succès dépend le sort de la li-
« berté et de la civilisation. Soldats, que chacun
« fasse son devoir et le *Dieu des armées* sera avec
« nous. »

Ces deux monarques appelaient Dieu à leur aide,
avant de commencer la boucherie !

Quantum mutatus ab illo !... dirait Jules Janin.

Peut-on croire que c'est le même homme qui lançait de telles banalités à la tête de son armée, lui qui jadis déclara la guerre à l'Autriche en des termes si magnifiques :

« La France a montré sa haine contre l'anarchie,
« elle a voulu me donner un pouvoir assez fort pour
« réduire à l'impuissance les fauteurs de désordre
« et les hommes incorrigibles des anciens partis
« qu'on voit sans cesse pactiser avec nos ennemis,
« mais elle n'a pas pour cela abdiqué son rôle civi-
« lisateur. Ses alliés naturels ont toujours été ceux
« qui veulent l'*amélioration* de l'humanité et quand
« la France tire l'épée... ce n'est pas pour dominer,
« mais pour affranchir ! »

Depuis la guerre du Mexique, Napoléon n'était plus le maître, ni le véritable chef de l'État : abusant de sa faiblesse, connaissant toutes les intrigues et jusqu'aux noms des favorites de son mari, l'impératrice, liguée avec le vice-empereur Rouher, parvint toujours à dominer l'empereur.

Elle prenait souvent la parole dans le conseil des ministres et influençait fatalement la direction politique de l'empire. Je me souviens qu'un soir M. de Persigny ne put retenir sa colère et s'écria en plein salon officiel :

— C'est vraiment trop fort qu'un homme de génie (?) comme l'empereur se laisse ainsi mener par sa femme ! Moi... qui suis si faible avec la duchesse, dont les folies me ruinent... je ne lui permets pas de dire un mot de politique en ma présence... Mais Lui, il la consulte, l'écoute et lui obéit... même malgré nous !

L'impératrice, par ambition et par intérêt — la régence la flattait, et elle pensait assurer sa dynastie par la guerre — fut la première qui découvrit l'intrigue de Bismark et de Prim. C'est dans « *una tertullia* » de la comtesse de Montijo à Madrid que la nouvelle fut ébruitée... tandis que le roi Guillaume *flirtait* galamment à Ems et que Bismark se reposait sournoisement à Warzin...

L'impératrice savait Bonaparte très-malade, épuisé et très-faible ; elle fit venir un des médecins les plus fameux de la cour :

— L'empereur peut-il sans danger faire campagne ?
lui dit-elle.

— En voiture, madame, mais pas à cheval.

— Maintenant qu'on fait la guerre en chemin de fer
et que le télégraphe sert d'aide de camp, les fatigues
sont supprimées.

— Euh ! euh ! fit le docteur, vous parlez d'or, madame ; permettez-moi d'ajouter avec Montesquieu
que « depuis l'invention de la poudre les batailles
sont beaucoup moins sanglantes qu'elles ne l'étaient,
parce qu'il n'y a plus de mêlée ! !

— Montesquieu a dit cela? fit naïvement l'impératrice.

— Oui, madame, dans les *Lettres persanes*.

A ce moment l'empereur, s'appuyant sur une
canne, entre lentement dans le salon bleu de la future
régente :

— Tiens ! X... Que disiez-vous ?

— Nous parlions chiffons, dit vivement l'impératrice.

— Avec un professeur à la faculté ! fit en souriant

le fils de la reine Hortense ; la conversation devait
être pleine d'intérêt.

Le docteur revint chez lui et... le lendemain matin, il se hâta de donner l'ordre à son agent de
change de vendre ses rentes à la plus prochaine
bourse. C'était le jour où à la tribune du Corps législatif, le ministre des affaires étrangères ne craignait
pas d'affirmer qu'on « n'avait rien négligé pour éviter
la guerre et que *tenter* davantage pour la conciliation
eût été un oubli de dignité et une imprudence. »

Lahire disait à Charles VII : Je pense, Sire, qu'on
ne peut perdre un royaume plus gaiement que vous
le faites. — Nous dirons à l'ex-impératrice qu'on ne
peut pas perdre une couronne plus follement qu'elle
ne le fit [1]! en poussant son mari à combattre *les
protestants* !

Le temps, cet impitoyable destructeur de la beauté,

---

[1]. Le 20 juillet, jour de la déclaration de guerre, le curé d'un
village voisin de Saint-Cloud où j'habitais vint nous voir, il était
joyeux et rayonnant.

— La guerre est une triste calamité, lui dit-on.

— Oh ! pas cette *guerre sainte*, fit-il, populaire et bénie parce
qu'elle doit écraser *l'hydre protestante* !

avait détruit sa grâce et sa fraîcheur. En irréconcilia-
ble ennemi il avait semé les rides sur son visage et
voilé le feu de ce regard qui fit tourner autrefois
les têtes les plus solides. Ne pouvant plus régner par
sa beauté, elle voulut dominer l'Empire et l'empereur
pour satisfaire une vaniteuse ambition... et son con-
fesseur.

PREMIERS EXPLOITS!

Mais revenons à Metz où régnait le plus grand désordre.

Malgré ces tâtonnements d'une autorité supérieure
dont ils n'avaient pas encore appris à se plaindre
tout haut, nos braves officiers et soldats, au milieu
des privations, étaient pleins d'ardeur. Malheureusement, après l'espérance d'une rapide marche en
avant, ils s'énervaient dans une anxieuse impatience.
Ce fut sans doute pour donner satisfaction à ce besoin de sentir la poudre qu'on décida la « reconnaissance offensive » de Saarbrück.

Je ne suis pas de ceux qui prétendent que cette
attaque, où nous avions par trop l'avantage du nombre,

fut une sorte de PREMIÈRE REPRÉSENTATION des mitrailleuses, destinée à *amuser le petit;* mais, à mon avis,
notre premier coup de canon tiré sur cette pauvre
ville fut une stupide et cruelle faute : — stupide, en
ce que, si ce combat était destiné à forcer l'ennemi
caché à faire un mouvement qui nous indiquât sa
position, il fallait au moins attendre que nos huit
corps d'armée fussent bien au complet, en mesure
et à proximité de pouvoir se soutenir l'un l'autre ;
— cruelle, en ce que l'acte d'avoir bombardé une
petite ville ouverte servit plus tard de prétexte aux
Prussiens pour justifier les sanglantes représailles
qu'ils ont tirées du bombardement de Saarbrück.
Cette ville, importante par son commerce et par
l'exploitation des mines qui l'environnent, est divi-
sée en deux parties par la rivière la Sarre.

Saint-Jean est le nom de la ville haute qui fait face
à l'ancienne frontière de France. Le plateau de Bellevue où se trouvait le champ de manœuvre des
Prussiens et la petite auberge au toit de briques
rouges où les vedettes ennemies signalaient à Mayence
tous nos mouvements au moyen du télégraphe, fut
l'objectif du général Frossard, le 2 août.

Du plateau de Bellevue, on jouissait d'un magnifique coup d'œil sur la France et sur l'Allemagne. Spieckren, où nos grands-gardes veillaient, est situé à 1,500 mètres (vis-à-vis) de Saint-Jean. Toutes les hauteurs voisines sont couvertes de très-épaisses forêts que l'empereur ne voulut pas incendier.

Depuis quinze jours les avant-postes des deux armées occupaient la vallée, qui servait de lieu de rendez-vous à tous les curieux, officiers, reporters, correspondants et impatients flâneurs en expectative du commencement des hostilités. On s'observait mutuellement et, quand un aventureux indiscret s'avançait trop près de la ligne de démarcation, le son filé d'une balle de chassepot ou le murmure grave d'un projectile lancé par les fusils de rempart frappait l'oreille et maintenait la curiosité de chacun.

Dès le 29 juillet, une section d'artillerie de la division Lavaucoupet avait mitraillé à coups de canon une maisonnette avancée qui servait d'observatoire... aux journalistes anglais, parmi lesquels le capitaine Seaton et les correspondants du *Times* faillirent être atteints.

A Saarbruck comme à Forbach, les hôtels étaient pleins. Tous les journaux du monde avaient leur « reporters » à la suite de l'armée prussienne, et faut-il le dire? quatre journaux français avaient des *représentants* autorisés auprès des états-majors allemands.

Sauf quelques intrépides flâneurs, je n'ai vu Forbach que six ou sept correspondants des feuilles parisiennes: le gros de la légion était à Metz; mais MM. d'Aulnay du *Figaro,* de Montferrier de l'*Indépendant de la Moselle,* et Bouscatel du *Peuple français,* se trouvaient au mont Spieckren quand la bataille commença.

Ma position personnelle était assez bizarre. Grâce au commandant Magnan, j'avais obtenu un laissez-passer du général Bataille, et, devinant au mouvement des troupes qu'il y avait des projets pour le 2 août, dès la veille, je m'étais rendu à la Brème-d'Or, petit hameau-frontière situé au bas du mont Saint-Jean.

A 6 heures du matin, malgré l'épais brouillard, je suivis par hasard un détachement du 47e de ligne, qui, bientôt éparpillé en tirailleurs, marcha en tête d'attaque vers le plateau, où nous arrivâmes presque sans coup férir.

— Que faites-vous, l'homme au crayon? me dit alors un jeune lieutenant.

— Je vous suis, pour tracer, *de visu*, les exploits de notre armée, répondis-je en lui montrant mon permis.

— Libre à vous, me fit-il..... mais ne vous écartez pas de moi, vous seriez entre deux feux, nos hommes n'ont l'ordre de tirer qu'à 100 mètres du sommet.

A ce moment, mon officier reçut une balle en pleine poitrine et tomba en arrière.....

Cent coups de fusil retentirent aussitôt ; et, au milieu d'un nuage de fumée et de poussière noire, je me trouvai porté, pour ainsi dire, au haut du coteau. Je vis alors l'artillerie prussienne qui se repliait au galop de l'autre côté de la Sarre, tandis que deux bataillons ennemis, guidés par leurs chefs à cheval, faisaient un retour offensif, destiné à couvrir la retraite de leur artillerie. Ce semblant de combat dura environ un quart d'heure.

C'était la première fois que j'allais au feu..... et je

confesse naïvement que la sensation était pour moi plus nouvelle qu'agréable ! Le sinistre bruit des balles, l'éclat subit des biscaïens, le silencieux courage des soldats marchant résolûment vers l'ennemi, le cri rauque des blessés, tout cela glaçait l'âme; mais, grâce à la contenance que me donnait mon carnet à la main, je fis assez bonne figure.

Vers midi, tout à coup, un grand mouvement se produisit au centre de l'armée. Je vis alors au milieu de la côte un nombreux état-major gravir lentement la route, il était suivi de près par une batterie de mitrailleuses aux gaînes de cuir noir... C'était l'empereur et son fameux engin de guerre !

— *Le kaïser!* nous dit alors un paysan, qui, sans *barguigner*, travaillait à son champ, si près de la bataille; il quitta sa charrue et passa en courant au milieu de nous afin de voir l'empereur *de tout près!*

Les ennemis de l'empire affirmaient depuis longtemps que l'intelligence de Napoléon III, un peu trop fatiguée par les souffrances et l'âge, faisait de lui une sorte de jouet entre les mains d'un groupe d'ambitieux qui, cachant avec soin cet affaiblissement intellectuel, gouvernaient sous le couvert de son nom.

Nous refusions positivement de croire à cette affirmation, qui nous a paru justifiée en partie par la
singulière attitude de l'empereur au combat de Saarbrück. Nous préférions attribuer alors la cause de sa
prostration durant la lutte, au sentiment de la terrible responsabilité qu'il assumait en faisant tirer le
premier coup de canon.

Ce jour-là, après le déjeuner militaire, que prési-
dait à l'hôtel de l'Europe la maréchale Lebœuf, l'empereur et son fils étaient venus chercher en calèche le
major général, et ils avaient pris le train, qui les con-
duisit de Metz à Forbach, où stationnaient les dau-
monts impériales.

A la descente du wagon, ils gagnèrent — toujours en
voiture — la route qui monte à Saarbrück. Les chevaux
de bataille, sous les ordres de l'écuyer comte Davilier,
attendaient au tournant de la route boisée, c'est-à-dire
à 200 mètres de la frontière. Aussitôt en sellé, Napoléon III, montant Solférino, le prince impérial, sur
un poney alezan, avec le maréchal Lebœuf, les généraux Frossard, de la Moskowa, Castelnau et M. Bachon,

écuyer, gagnèrent assez lentement la hauteur de Saint-Jean. L'ennemi était *déjà* en fuite.

L'ordre de bombarder la ville fut immédiatement donné, tandis que l'état-major impérial se plaçait à l'extrême gauche, près des grands peupliers qui bordent le plateau.

Comment les soldats, *éloignés de trois kilomètres,* ont-ils pu constater le calme de l'enfant ? Comment le père, à cette même distance, vit-il les larmes jaillir des yeux de tous ces militaires attendris ? Il faut reconnaître que, si la dépêche officielle est sincère, on possédait de part et d'autre une de ces excellentes vues dont il est habituellement fait mention dans les contes de fées.

Saarbrück brûlait, et d'épaisses colonnes de fumée montaient jusqu'à Saint-Jean, de la gare du chemin de fer, de l'hôtel Hugen, et d'une maison située près du pont...

Napoléon III et son fils, isolés sur la hauteur et exposés... au grand soleil, se tenaient en avant de leur état-major :

Le souverain, les bras croisés, immobile sur sa

selle, le visage morne, l'œil éteint, complétement muet ;

L'enfant, comme les gardes d'Hyppolite, imitait son silence, *autour* de lui rangé.

— Qu'on cesse le feu... dit tout à coup l'empereur, de ce ton traînard qu'on lui connaît, à l'aide de camp qu'un geste avait fait accourir.

Ces quatre mots prononcés, Napoléon III reprit sa muette immobilité.

Peut-être, après cette canonnade qui fut son « *alea jacta est* », l'empereur, se reconnaissant déjà trompé par ceux qui lui avaient promis une puissante armée, était-il abattu par le pressentiment de son très-prochain désastre.

Cette pose obstinée, qui se prolongeait si longtemps après le dernier coup de feu tiré, finit par impatienter l'état-major et les chevaux.

Un hardi général se glissa jusqu'au prince impérial, qui crayonnait sur un calepin doré, et lui souffla bien bas :

— Dites donc à Sa Majesté que... voici l'heure du

dîner, nous n'avons que bien juste le temps de gagner Metz...

Mais l'enfant, un peu effrayé par le silence pater-
nel, répondit du geste qu'il n'osait pas se charger
d'une pareille communication.

Ce fut le grand-écuyer qui trouva le biais pour se-
couer la torpeur impériale et faire comprendre que
l'odeur de la poudre était un régal insuffisant pour
tous ces estomacs qui criaient la faim à vingt pas
de là.

— Votre Majesté victorieuse m'autorise-t-elle a
prévenir le train de ne pas nous attendre? demanda
l'adroit affamé.

A cette question lui rappelant qu'il était « espéré »
à Metz, le souverain sortit de son engourdissement
pour répondre :

— Allons dîner !

On fit un temps de galop pour rejoindre la calèche
de combat et, à 4 heures, Napoléon III avec Napoléon IV (?), suivi d'une foule émue mais silencieuse
à la vue des premiers blessés ramenés sur les cacolets,

revint à la gare de Forbach. Rentré à Metz, une heure après,. on était réuni autour de la table, toujours présidée par la maréchale Lebœuf!

Si le combat de Saarbrück était vraiment destiné à faire sortir l'ennemi des bois qui le cachaient, le but fut trop pleinement atteint. Débouchant tout à coup trois jours après, par la Sarre et le Rhin, les troupes allemandes fondirent sur les tronçons divers de notre armée imprudemment disséminée depuis Wissembourg jusqu'à Sarreguemines et Forbach.

Nous n'entreprendrons pas en ce moment, après tant d'autres, de raconter l'héroïque résistance de l'armée du Rhin accablée sous le nombre. Spieckren, Wœrth, Reischoffen, Gravelotte, Bouzonville resteront inscrits sur la sanglante page de notre histoire qui commença par Wissembourg, ce terrible et opiniâtre combat où 8,000 hommes — turcos et zouaves — tinrent contre 60,000 Allemands [1].

---

[1] *Dépêche* A LA REINE AUGUSTA, A BERLIN.

Brillante, mais *sanglante* victoire aujourd'hui, sous les yeux de Fritz. Prise d'assaut de Wissembourg et de la montagne du Geisberg. Les corps engagés étaient les 5e et 11e corps prussiens et le 2e bavarois.

En se voyant cerné, sans espoir de secours, le général Douay cassa d'une balle la tête de son cheval en disant :

— Un Prussien ne le montera pas après moi !

Puis, à pied, il s'enfonça dans cette mêlée où il devait trouver la mort.

Cependant, comme il nous fut donné d'assister à la bataille de Borny, nous essayons d'en retracer ici les phases principales et les terribles conséquences :

BATAILLE DE BORNY.

— Il n'y a pas un Prussien à dix lieues d'ici, assurait, le matin même, devant nous le général de G. chargé d'éclairer le passage de la Moselle !

Devant cette affirmation, nous avions cru pouvoir nous arrêter à la ferme de Grimont, qui devait se trouver bientôt au centre de la bataille.

L'ennemi est en fuite. Cinq cents prisonniers sans blessures, un canon et le camp sont entre nos mains.

Le général de division Douay, tué. De notre côté, le général de Kirchbach légèrement atteint.

Mon régiment et le 58e fortement éprouvés. Dieu soit loué pour ce glorieux fait d'armes ! Puisse-t-il nous aider encore !

GUILLAUME.

C'était le 13 août. Napoléon III était venu la veille au château d'Urville [1] — quartier général du 3e corps — et il avait remis le commandement en chef de l'armée du Rhin au maréchal Bazaine.

En présence du maréchal Lebœuf, qui cessait par ce fait ses fonctions de major général, Bazaine reçut et accepta les instructions suivantes :

« Faire passer rapidement l'armée du Rhin de la rive droite de la Moselle — où elle est concentrée depuis le 11 — sur la rive gauche avec Verdun comme objectif. »

Se rendant aux sollicitations du nouveau général en chef, l'empereur fit donner l'ordre de diriger sa maison, ses chevaux et ses courriers sur Châlons et il promit au maréchal de quitter Metz le lendemain, afin de ne pas gêner son « mouvement de concentration en arrière. »

On sait que Napoléon III ne voulut pas tenir sa

---

[1] En char-à-bancs, sans escorte, mais précédé d'un postillon et accompagné du maréchal Lebœuf, des généraux Castelnau, de la Moskowa, de M. de Lauriston, officier d'ordonnance et du marquis de Canisy, écuyer.

promesse et qu'il suivit l'armée jusqu'à Gravelotte
où, deux jours après l'affaire de Borny, le maréchal lui dépêchait aide de camp sur aide de camp
pour lui dire : « Je ne réponds de rien si l'empereur
« n'est pas à dix lieues d'ici; les éclaireurs enne-
« mis surveillent le quartier impérial... »

Le maréchal Bazaine n'avait donc réellement pris
le commandement que le jour de la bataille.

Si la décision de réunir sous les ordres d'un seul
chef les cinq corps d'armée avait été suivie d'une
rapide exécution, la concentration des troupes aurait
pu s'effectuer dès le 11, et le maréchal, continuant
son mouvement de retraite sans que le général Steimetz, en arrière de ses lignes, eût pu s'y opposer, serait arrivé à Verdun avec deux jours d'avance sur le
prince Frédérick-Charles ; ces deux jours perdus
modifièrent toutes les chances de la guerre.

Dans le plan nouvellement adopté, la défense de
Metz avait été laissée à la division Lavaucoupet, si
éprouvée à Spieckren, et qui avait été renforcée par
le dépôt du 48ᵉ de ligne, six bataillons de mobiles
et les douaniers embrigadés.

Metz, considérée jadis comme une citadelle imprenable, avait perdu beaucoup de son prestige depuis l'adoption des canons à longue portée. Cependant le prévoyant maréchal Niel, dès l'année 1867, avait fait couronner de formidables ouvrages les hauteurs environnantes de la ville : — ces travaux coûtèrent douze millions à l'État ; — les forts retranchés de Saint-Quentin, de Saint-Julien, reliés les uns aux autres, transformaient ces hautes collines en autant de citadelles, dont quelques-unes ne furent achevées que sous le feu de l'ennemi, mais qui maintinrent les canons krupp hors de portée de la ville de Metz.

Ainsi donc, après avoir attendu toute la journée du 12 un ennemi que les espions lui disaient être *sur ses talons,* mais qui restait invisible ou dissimulé dans les bois, Bazaine ne fit commencer son mouvement de retraite que dans la nuit du 13 au 14 août.

A 3 heures du matin, par un temps orageux, les deux ailes de l'armée opérèrent simultanément le passage de la Moselle sur DEUX PONTS DE BATEAUX ; — les files interminables des bagages obstruaient le passage sur les ponts de Metz !!

Le 2e corps était parvenu à Moullins et le général de Ladmirault se disposait à traverser le fleuve sur

le pont de Cambières, quand, vers 4 heures du soir,
les Prussiens, ayant bien choisi leur moment,
s'élancèrent sur les dernières divisions françaises
échelonnées sur la rive droite, dans l'espoir de leur
couper la retraite ou de les précipiter en désordre
dans la Moselle...

Surpris par cette attaque [1], le général Decaen donne
l'ordre aux troupes du 3e corps de faire lestement
demi-tour. Il place la division du général Montaudon
entre Borny et Crigy, la division Metman près la
route de Sarrelouis, et la garde impériale en réserve
derrière le village de Borny. C'est le 7e corps prussien, sous les ordres du général de Zastrow, qui vient
attaquer nos divisions, tandis que le 1er corps ennemi, commandé par le général de Manteuffel, se précipite sur les troupes du général Greiner, restées
seules près de la ferme de Grimont.

Deux divisions de cavalerie appuient cette attaque
de flanc.

Au bruit du canon, le général de Ladmirault fait

1. Les reconnaissances *d'arrière-garde* n'avaient rencontré
l'ennemi nulle part.

jeter à terre les sacs des soldats déjà engagés dans la descente qui mène au fleuve, et réoccupe le plateau. Le général de Cissey gravit rapidement la côte de Saint-Julien avec le 20ᵉ chasseurs, les 1ᵉʳ, 6ᵉ, 51ᵉ et 73ᵉ de ligne, qui s'emparent du bois de Mey où l'ennemi venait d'embusquer ses tirailleurs.

Les Prussiens, vigoureusement reçus par les lignes françaises, réitèrent avec acharnement leurs attaques et s'avancent à portée des forts de Saint-Julien et de Queuleu qu'ils croyaient inachevés, d'après les rapports inexacts de leurs espions [1]... Aussi chaque fois que l'ennemi manœuvre à portée des canons, de larges trouées sont faites dans ses rangs.

Le 3ᵉ corps supporte vaillamment cette inégale lutte. Le général Decaen, grièvement blessé au genou, veut conserver le commandement.

La division de Lorencez, débouchant sur la route de Bouzonville, repousse toutes les tentatives des Prussiens, qui ne parviennent pas à tourner notre gauche.

C'est au sommet du ravin de Lavallières que les

____
[1] Ces forts furent armés avant d'être complétement terminés.

mitrailleuses alignées font subir à l'ennemi de terribles pertes. Le pont qui traverse le ruisseau est obstrué par des files de cadavres : DIX-SEPT fois l'ennemi s'élance en hurlant... sur la pente boisée qui peut le couvrir de nos feux, mais il ne peut jamais s'y maintenir.

C'est là que j'entendis pour la première fois ces hourras formidables qui, mêlés au bruit des canons et des chassepots, formaient ce concert sauvage et terrifiant qui, plus tard, contribua à jeter une telle panique dans les rangs désordonnés de la garde nationale parisienne à Buzenval.

Je fus témoin d'un acte inouï de témérité de la part d'une colonne prussienne. A la fin de la journée, les casques pointus se précipitent d'un bois touffu et gravissent la colline du fort de Queuleu. Le 2e de ligne, à qui la garde de cet ouvrage inachevé avait été confiée, laisse approcher l'ennemi et démasque, à 400 mètres, une batterie de mitrailleuses qui jonche le sol de Prussiens. Nos soldats ouvrent ensuite un feu de tirailleurs à volonté et se jettent sur les assaillants, qui renoncent bientôt à toute attaque et se retirent en désordre.

A 8 heures, nous sommes maîtres du champ de bataille, l'ennemi est repoussé et poursuivi partout.

Après cette sanglante victoire, la confiance revint aux troupes ; l'empereur lui-même sembla moins sombre : il parut le soir même au quartier général et, tendant la main à Bazaine, — qui n'avait pas pris part à la bataille,... il lui dit :

— C'est vous, maréchal, qui avez rompu le charme !

— L'honneur de la journée revient à Decaen et à de Cissey, répondit tristement Bazaine... Partez, sire, demain il ne sera plus temps, l'ennemi est signalé sur la route de Verdun !

Napoléon III fuma plusieurs cigarettes avec le maréchal et se retira sans rien dire...

La bataille de Borny nous coûta 3,000 hommes tués ou blessés. Le général Decaen paya de sa vie l'héroïque imprudence d'être resté quatre heures durant blessé sur le champ de bataille, en continuant à exercer son commandement : le lendemain sa blessure envenimée devint mortelle, et le commandement du 3ᵉ corps fut remis au maréchal Lebœuf !

Les Prussiens s'attribuèrent naturellement la victoire, malgré leurs pertes estimées à 8,000 hommes, parce qu'ils avaient empêché le passage de la Moselle, ce qui permit à l'armée du prince Frédérick de nous précéder à Verdun et de nous barrer la route, le 16 août, à la hauteur de Bouzonville.

On a reproché à Bazaine de ne pas avoir profité du succès obtenu par ses « sous-ordres » à Borny, en reprenant le lendemain l'offensive, afin de rejeter Steimetz sur la Sarre, pour revenir ensuite attaquer Frédérick-Charles, isolé sur la route de Verdun. En effet Bazaine resta inactif le 14 août!...

Le maréchal hésita deux jours, au lieu de précipiter son mouvement de retraite. En doublant les ponts et en supprimant les *impedimenta*, il aurait pu dans la journée du 15 gagner trente kilomètres d'avance sur Frédérick-Charles, dont l'avant-garde n'atteignit la Moselle que le 16 août au matin !

Bazaine avait reçu le commandement en chef dans un moment de désarroi général; la présence du souverain l'avait gêné. Le général qui, au Mexique, avait déployé une si grande fertilité de ressources et donné maintes preuves de vigueur, perdit une magnifique armée en voulant temporiser. Incapable de faire manœuvrer rapidement de si grandes masses, il fut impuissant à accélérer son mouvement sur Verdun, et Frédérick-Charles parvint *facilement* à empêcher la fameuse jonction projetée avec l'armée du maréchal Mac-Mahon.

L'histoire sera sévère à l'égard de Bazaine.

Le maréchal a prétendu, devant la commission d'enquête de l'Assemblée nationale, qu'il n'avait pu songer à se porter en avant, *faute de munitions.*

Cette réponse n'explique pas la lenteur de sa marche sur Verdun, et la perte d'une journée entière, le 14 août!!!

Il n'était pas à la hauteur du rôle que l'empereur lui confiait *in extremis*, et, au lieu de s'endormir, le 14 août, après la stérile victoire de ses soldats à Borny, sur la parole mystérieuse de Napoléon III, il pouvait réellement *rompre le charme*, en accélérant ce mouvement de retraite dont il ne comprit pas ou ne voulut pas comprendre l'urgente nécessité. Dès le 15 août, l'armée du Rhin fut perdue pour la France!

Après ces coups réitérés de la fortune qui nous

foudroyaient, la confusion se fit plus énorme, et les *débrouillards* eurent fort à faire au milieu de tous les ordres qui se croisaient et se contredisaient. Le « Débrouillez-vous ! » se répéta du petit au grand.

Tout en craignant une surprise de chaque heure, on s'éclairait pourtant si mal qu'il en résulta les plus étonnantes bévues. Tel chef d'un corps détaché télégraphiait à son supérieur :

« On nous a signalé une forte colonne ennemie
« devant laquelle nous nous sommes repliés pour lui
« dissimuler notre présence. »

A quoi le supérieur répondait :

« Un renfort que je vous envoyais *vous a pris pour*
« *l'ennemi*, en vous voyant vous replier et a imité
« votre manœuvre. »

Toute la campagne fut émaillée de pareils malentendus. Citons encore un nouveau fait qui accentue mieux le perpétuel manque d'éclaireurs, durant cette campagne, où nous ne sûmes jamais nous garder contre un ennemi qui procédait toujours par surprise.

Un autre chef de corps envoie cette dépêche :

« Hier, canon entendu à ma gauche. »

On croit aussitôt à un engagement et on pense alors à cette simple précaution de faire éclairer la gauche du corps menacé. Les éclaireurs fouillent le pays à vingt kilomètres à la ronde. Les habitants ouvrent des yeux ébahis à toutes les questions qui leur sont adressées. Nul ennemi ne s'est montré, aucun combat n'a eu lieu.

Et pourtant le chef de corps est bien sûr d'avoir perçu le bruit du canon.

Enfin une vieille femme songe à demander :

— Quand ? à quelle heure ?

— Avant-hier, au point du jour.

— Alors, c'était pendant l'orage. Vous avez entendu les coups de tonnerre, répétés par l'écho de la montagne.

Et la bonne femme avait raison...

Nous protestons énergiquement contre cette phrase que le *Times,* en la répétant, attribuait à un chef allemand : « Les Français sont des lions commandés par des ânes. » Le brevet d'incapacité est injustement décerné à nos généraux, tous inattaquables par leur bravoure et leur ardent patriotisme. La faveur impériale avait pu s'égarer en appelant quelques incapables à ce grade, mais la grande majorité des chefs échappe à une condamnation dont on a tenté de la flétrir.

Ce qui a manqué à nos généraux est d'avoir été positivement renseignés sur ce qu'on voulait faire. Une seule volonté devait s'imposer à tous, et cette volonté s'est niaisement effacée à l'heure où elle devait se produire plus énergique. Quand un homme avait charge du commandement suprême, bien ou mal, il fallait qu'il l'exerçât. Cet homme s'est *volontairement* transformé en une nullité encombrante qu'on se renvoyait d'une armée à l'autre en criant : A toi le paquet !

Le seul coupable est Napoléon III. En s'annulant au milieu de si graves circonstances, il a failli au principe même qui lui avait confié la puissance et il a oublié cette antique tradition de la nation française qui ne veut pas, chez nous, que le pouvoir tombe en quenouille.

Qu'un souverain de *par le droit divin* dispose de la

puissance en faveur d'un autre, c'est affaire entre lui et Dieu duquel il a reçu la couronne... Mais tel n'était pas le cas de Napoléon III, l'homme du suffrage, le candidat du plébiscite.

Quels cris jetterait un arrondissement tout entier si son maire, nommé par le suffrage des électeurs qui ont foi en son intelligence et sa capacité, avait l'idée de se faire remplacer par son épouse !

Quand, trois mois plus tôt, sept millions de voix acclamaient l'empereur, il est à croire que ce nombre aurait sensiblement décru, si la foule s'était douté qu'à l'heure où il faudrait faire acte de cette puissance confirmée, l'élu répondrait : Adressez-vous à ma femme.

Le pouvoir confié par le suffrage universel est tout personnel à celui qu'il désigne, et si l'élu s'en démet, il doit consulter au moins ceux dont il l'a reçu.

Et depuis quand un souverain, tant qu'il a le pied sur la terre de France, n'y commande-t-il plus en maître ?

La régence doit-elle surgir dès que le chef de la nation a dépassé Meaux ou Saint-Germain ? Alors qu'il allait à Vichy, pourquoi l'empereur n'instituait-il pas la régence ?

Tant que Napoléon III n'avait pas dépassé la frontière, la régence n'avait pas de raison d'être. Sur le seuil même de la porte, charbonnier est encore maître dans sa baraque.

Telle est la plus grande faute de Napoléon III. Lui imputer d'avoir fait la guerre dans un intérêt de dynastie est une fausse accusation. Mieux renseigné que personne sur les forces de l'Allemagne, il ne déclara la guerre que sous la pression du parti de l'impératrice. On exagéra à ses yeux le mouvement de l'opinion publique soulevée par les Chambres, par la presse et par ces agitateurs stipendiés qui lancèrent leurs bandes brailler sur la route de Saint-Cloud : A Berlin !

Il crut marcher avec cette nation, qui lui fit injustement endosser sa propre imprudence à l'heure de la défaite. De la terrible impasse dans laquelle on le poussait, l'empereur compta sortir par la prompte manœuvre agressive de son armée. On lui répétait sans cesse « qu'il ne manquait pas un bouton de guêtre »; et, quand il songeait à les lancer au plus vite en avant, il trouva des troupes à demi formées et rivées sur place par une défectueuse organisation.

Si bon dos qu'ait l'empire, nous sommes de trop bonne foi pour le charger de fautes qui lui sont étrangères; mais, nous le répétons, le grand tort du souverain fut de s'être effacé devant ce conseil de régence qui n'avait pas à parler tant que l'empereur combattait sur le sol de la patrie. Napoléon III, sur le lieu même de la lutte, n'était-il pas meilleur juge de la situation que ce conseil faisant la guerre à distance... et *au jugé*, quand le fil électrique, coupé en plusieurs endroits, ne lui transmit plus qu'une incomplète série de dépêches?

En gardant le droit de commander en chef, l'empereur aurait pu traiter à temps au lieu de se laisser, volontairement inerte, acculer par les revers dans l'entonnoir de Sedan, où il rendit cette épée dont il avait bénévolement fait une lavette.

Souverain imprudent ou mari faible, l'aventurier Napoléon III est tombé pour avoir laissé son pouvoir se métamorphoser en quenouille. — Aussi la régence a-t-elle filé!

CHAPITRE IV

Vous souvient-il, au commencement de la guerre, de tous ces péroreurs d'estaminet ou de carrefour qui, tout feu tout flamme, piétinaient d'une sainte rage à l'annonce de nos désastres ?

Quand vous demandiez à ces bouillants patriotes pourquoi il ne mettaient pas leur bras vengeur au service de la France menacée, vous les entendiez vous répondre aussitôt : Nous battre pour un Bonaparte ! fi donc !... Ah ! si nous avions la République, vous verriez avec quel élan le pays entier se lèverait pour repousser les Prussiens. La frontière se couvrirait de volontaires... *comme en* 92 !

Bon Dieu ! nous a-t-on assez rebattu les oreilles avec ces fameux volontaires de 92 que, dans un club, j'ai entendu un orateur chevelu évaluer au chiffre de HUIT CENT MILLE ! et le public s'étonnait encore du petit nombre ! Quelle vilaine idée, avouons-le, aurait eue celui qui se serait avisé de dire que la rengaine des volontaires de 92 constitue une des plus fortes bourdes enregistrées par l'histoire, attendu que, les armées réunies de Kellermann, Custine et Dumouriez n'ayant jamais fourni un ensemble de plus de 65,000 hommes, on est en droit de se demander où étaient passés ces sept ou huit cent mille volontaires ?

Une jolie palme du martyre aurait donc récompensé l'imprudent qui, en plein club, se serait avisé d'affirmer que « les volontaires de 92 » n'ont jamais fourni qu'un effectif de 1,286 hommes *que Dumouriez* refusa carrément d'employer comme pouvant retarder la promptitude de ses manœuvres !

Abandonnons le passé pour revenir au présent.

Quelle innombrable armée on aurait pu former avec tous ces belliqueux, refusant de brûler une amorce pour les Bonaparte, mais promettant de mourir pour la bien-aimée République ! Le 4 Septembre les prit au mot.

Ce jour-là, derrière la régente qui s'enfuyait dans la voiture de son dentiste, Paris, niaisement passif, vit passer une quinzaine d'hommes, suivis et acclamés par un millier de goussepains, lesquels avaient la prétention de représenter *la volonté nationale.*

Le tour était joué ; nous avions la sainte République.

— ENFIN, NOUS Y SOMMES ! s'était écrié un des quinze en s'installant à l'Hôtel-de-Ville, au milieu des hurlements desdits goussepains qui figuraient maintenant la *France délivrée...* et dévoraient à vilaines dents les saucissons distribués.

Car nous étions délivrés ! Vous et moi, nous venions de voir tomber nos chaînes. C'était d'une main libre d'entraves que nous pouvions... combattre.

Semblable à la douce revalescière, la République allait nous guérir de tout : de la tyrannie des Bonaparte, des sangsues épuisant la France, de la gangrène morale... et des Prussiens qui, affirmait-on, devaient reculer d'épouvante au seul nom de République. Malheureusement, on avait détruit tant de ponts et coupé tant de routes que la nouvelle n'arrivait pas à l'ennemi : celui-ci s'avançait toujours sans se douter de la foudroyante surprise qui l'attendait. Quand il en fut certain, il était déjà autour de Paris et l'étonnement le cloua sur place pendant cinq mois !

Soyons juste pourtant, et avouons franchement que le seul nom de République ne fut pas sans inspirer cette épouvante qu'on nous avait annoncée. Seulement on avait mal pointé ! Au lieu d'atteindre la Prusse qu'on visait, l'épouvante passa au-dessus de l'armée allemande pour aller frapper les autres puissances étrangères, qui se préparaient peut-être à intervenir en notre faveur. La terreur de la République figea aussitôt leurs bonnes dispositions.

— Enfin, nous y sommes ! se répétèrent les excellents patriotes qui avaient profité des malheurs de la France pour s'asseoir sur les ruines de la patrie écroulée !

Vous les connaissez, n'est-ce pas ?

C'étaient :

Julius Favre : majestueux moulin à paroles... bien qu'on ne sût pas encore s'il était moulin à vent ou à eau — la suite a prouvé qu'il était à eau.

Gambetta : Gascon pour les autres, Normand pour lui-même, sorte de Mirabeau à l'échalotte : un œil d'aigle... empaillé !

Ferry : Après avoir baptisé « les comptes fantastiques d'Haussmann », il devait nous offrir les comptes ferryques.

Étienne et Emmanuel Arago : l'abat-jour et son support en plein midi.

Garnier-Pagès (la vierge à la loupe) et Crémieux (la beauté faite homme), deux libérés de 48.

Le filandreux J. Simon, le queue-rouge Glais-Bizoin, le bruyant hanneton Picard, etc., etc.

Et, après avoir donné à l'empire le coup de pied de l'âne, allaient-ils faire mieux ?

Possédaient-ils un programme ? Parbleu ! Leur passé répondait de l'avenir. N'avaient-ils pas, depuis longtemps, avisé à sauver le pays le jour où l'aventurier Bonaparte l'avait mis en péril ? Avec quelle intelligente prévoyance ils avaient veillé au grain quand le maréchal Niel, qui voyait de loin, avait voulu réorganiser l'armée pour nous mettre en mesure de lutter plus tard contre les vainqueurs de Sadowa !

Vous rappelez-vous cette session du Corps législatif ?...

Le ministre de la guerre réclamait un budget plus large qui, par la création de la garde mobile, lui permît, à un moment donné, de lever une armée de 1,200,000 hommes.

La sécurité future du pays valait bien, selon lui, un supplément de quelques millions.

— On gaspille les finances ! s'écrièrent alors ceux qui devaient plus tard contracter le fameux emprunt Morgan.

Et comme le maréchal insistait sur le besoin d'hommes et d'argent, ces messieurs avaient immédiatement détaillé leur plan de défense nationale :

— Pas de militarisme ! s'était d'abord écrié M. Magnin.

Aussitôt Ernest Picard, qui ne voulait pas rester en arrière, s'était empressé, par un amendement, de réclamer *la suppression absolue des armées permanentes.*

A ceux qui s'étonnaient de ce nouveau moyen de se garder contre l'ennemi, proposé par Picard, son copin Jules Simon avait bien vite répliqué : « Le seul moyen pour qu'un peuple soit invincible, ce ne sont pas les canons et les hommes, c'est LA LIBERTÉ ! »

A la liberté de Jules Simon, l'enfauxcolé Garnier-Pagès avait ajouté un redoutable corps de réserve : « Ah ! dit-il, quelle puissance vous auriez si, au lieu de la force matérielle, vous vouliez employer LA FORCE MORAL ! »

Et Julius Favre s'empressa de corser ces inattendus et nouveaux procédés de résistance en ajoutant d'un ton convaincu : « Nos véritables alliés sont LES IDÉES ! »

Vous devinez quel fut, durant cette mémorable séance, l'ahurissement du maréchal qui persistait à vouloir maintenir le vieux jeu des soldats et des canons. Au lieu de lui accorder ses douze cent mille hommes, on tenta vainement de lui persuader que la France se trouverait suffisamment protégée par :

1° *La liberté* de Jules Simon ;

2° *La force morale* de Pagès ;

6.

3° *Les idées* de J. Favre.

Ces énergiques moyens de résistance parurent
même encore insuffisants à M. Pelletan, désireux de
contribuer à la défense nationale. Il proposa donc,
sans désemparer, « le désarmement des pompiers »,
qu'il ne comprenait *armés que pour le cas d'invasion.*

A tous ces inusités éléments guerriers qu'on lui
proposait, le maréchal Niel se montra si franchement
désespéré, que M. de Janzé s'attendrit et voulut bien
lui faire cette promesse : « En cas de guerre, deux
ou trois mois AVANT la déclaration, demandez des
soldats à la Chambre, et nous vous en accorderons
deux millions, s'il le faut. »

Le naïf « deux ou trois mois avant » de M. de Janzé
ne vous rappelle-t-il pas cet arrêté d'un maire or-
donnant que les pompes de la commune fussent
emplies *toutes les veilles* d'incendie ?

Ces modifications sérieuses apportées dans l'art
de la guerre par ceux qui devaient former plus
tard le gouvernement de la défense nationale furent
si chaleureusement prônées par les journaux de la
gauche, que la calomnie vint baver sur cet enthou-

siasme. On osa prétendre que le roi Guillaume, qui
goûtait fort ce nouveau mode d'armement de la
France, avait semé quelques croix et autres encou-
ragements parmi les journalistes qui s'en étaient
faits les apôtres.

Vous souvient-il du fameux paquet Lavarenne, qui
fit à cette époque tant jacasser les mauvaises lan-
gues ?

Donc, après avoir tant concouru à l'augmentation
de nos forces militaires, MM. Picard, Favre, Magnin,
Simon, Pelletan et consorts étaient bien en droit de
dauber sur l'empire, qui s'était laissé surprendre par
un ennemi mieux armé, et, pour le remplacer, ils ne
pouvaient trouver de plus habiles qu'eux-mêmes.
En foi de quoi, le 4 septembre, ils ouvrirent la maison : Favre, Magnin et Cie.

Ils ne se demandèrent pas si leur Révolution, en
un tel moment, n'était pas un coup de pioche de
plus à l'effondrement du pays ; si la patrie pouvait se
relever ; et surtout, s'ils étaient capables de suffire à
pareille tâche. Qu'importait à ces vaniteux brouillons
pour qui tout se résumait par une phrase : « Enfin,
nous y sommes ! »

Et maintenant qu'ils y étaient, leur premier sentiment fut une atroce peur d'être jetés à bas. Dans leur course à fond de train vers l'Hôtel-de-Ville, cette troupe d'avocats et de rhéteurs avaient naturellement oublié l'élément militaire, représenté par le général Trochu, gouverneur de Paris. Si le général disait : Non, le « nous y sommes » était fort compromis.

On l'attira donc bien doucement à l'Hôtel-de-Ville. Un peu surpris par la rapidité des faits, le général Trochu cherchait à se cramponner à une idée honnête.

— Votre République défendra-t-elle la religion, la famille et la propriété ? demanda-t-il.

— Oui, oui, fit-on en chœur.

— Alors, je marche avec vous...

Dans ce livre où, suivant notre sincère appréciation, nous voulons faire à chacun sa part de loyale conduite et sa part de sottise, de mensonge et d'incapacité, le nom du général Trochu reviendra plus tard sous notre plume. Poursuivons.

Ainsi rassurés par l'acquiescement du gouverneur

de Paris, nos futurs sauveurs s'installèrent bien à l'aise. C'était le vrai moment d'appliquer leur fameux système de défense que le maréchal Niel avait eu la sottise de ne pas comprendre.

Nous possédions déjà « la liberté », qui, suivant Jules Simon, devait avantageusement remplacer les hommes et les canons... et poutant l'armée allemande ne s'arrêtait pas dans sa marche.

Le quart d'heure était sonné de leur opposer « la force morale » de Garnier-Pagès.

Mais la force morale, paraît-il, n'est pas une arme de longue portée, et comme l'ennemi n'était pas encore à la bonne distance voulue pour être foudroyé par cet irrésistible engin, on songea d'abord à parer au plus sérieux, c'est-à-dire à faire gratter partout les N de l'Empire et à changer les noms de trois rues.

Après ce premier acte de défense nationale, on respira plus librement. Les Prussiens avaient déjà dépassé Toul, et, quoique la force morale de Garnier-Pagès dût bientôt leur faire rebrousser chemin, il était bien évident qu'il y avait invasion... ce seul cas où

M. Pelletan avait jadis concédé qu'on pût *armer les pompiers*. En conséquence du programme, on les appela de tous les coins de la France.

Trois jours durant, nous vîmes leurs nombreux casques se promener dans tout Paris, cherchant un feu à éteindre. — Ils étaient arrivés huit mois trop tôt!

Après soixante-douze heures de flâne, on les renvoya dans leurs foyers, sans même avoir eu l'idée de les employer à faire la haie sur le passage de Victor Hugo (un nouvel élément de défense), qui fit son entrée à Paris aux clameurs enthousiastes de Vacquerie, Meurice et de deux garçons de l'hôtel Rohan, porteurs des bagages de l'exilé volontaire. — Dès le lendemain une proclamation du poëte, adressée à son bon peuple de Paris, annonçait qu'il était enfin arrivé dans nos murs.

Cette nouvelle, donnée au moment où on comptait voir entrer cinq ou six mille bœufs, ne fut pourtant pas acceptée avec tout le fanatisme que méritait une pareille compensation. Car nous ferons observer que cet immense approvisionnement, qui nous permit de tenir pendant quatre mois, est entièrement dû à Clément Duvernois, dernier séide de l'empire exécré. Sous la République bénie... Magnin, ministre du commerce, au lieu de continuer cette tâche, se croisa courageusement les bras, quand il eut trouvé parqués au bois de Boulogne les moutons qu'on devait mettre bientôt en conserves.

Du 4 septembre au 19, date du blocus complet, c'est-à-dire en quinze grands jours, cette haute capacité administrative du parti républicain ne fit pas entrer dans la capitale (Victor Hugo déduit) une seule once de viande fraîche.

Victor Hugo en plus et les pompiers en moins... la défense nationale, on le voit, marchait à pas de géant!! J. Simon lui donna une nouvelle poussée en organisant à la hâte une commission chargée d'étudier l'opportune question de l'enseignement primaire. En même temps, pour faire arme de tout contre l'Allemand qui arrivait, le belliqueux ministre ordonna la publication des papiers saisis aux Tuileries.

Enfin éclata ce manifeste de Jules Favre, contenant le « *pas un pouce, pas une pierre* » qu'on lui reprocha si durement plus tard, quand on nous eut pris, non-seulement le pouce, mais encore les quatre autres doigts.

Comme les livres, les phrases ont leur destinée ; celle de Jules Favre ne fut ni moins ronflante ni moins fausse que cette autre : « La garde meurt et ne se rend pas! » prononcée par Cambronne qui, en fin de compte, s'est rendu et n'est mort que bien des jours après sa réponse.

Pourquoi cette dernière phrase est-elle restée à l'honneur de celui qui l'avait dite, quand l'autre est retombée si lourdement sur son auteur? C'est que la jactance héroïque, bien compréhensible chez le général enivré par la poudre du combat, n'était pas permise à celui qui avait tout le temps de s'assurer d'abord qu'aucun moyen suffisant de défense ne nous restait pour sortir de l'impasse où cette phrase allait nous acculer. — A la honte du gouvernement de la défense nationale, planera toujours sur lui l'accusation terrible, non pas de n'avoir pu nous tirer du bourbier, mais de nous y avoir plus profondément enfoncés. Pêcheurs en eau trouble, ils ont tant agité la vase, qu'ils nous ont noyés dans la boue.

Ayant à invoquer pour l'œuvre de salut commun le concours de toutes les volontés, de tous les esprits, de tous les cœurs, le gouvernement de la défense, entraîné par Gambetta, crut que, pour utiliser ce grand effort national, il fallait superposer à cet effort même un parti qui devait le diriger.

Le général Trochu n'était pas dominé par la tradition militaire de 1792. « L'âme des nations ne peut plus combattre l'arsenal des peuples », disait-il :

Il lutta donc en vain contre la proclamation (immédiate) de la république, contre la nomination des maires provisoires, contre l'élection des officiers de la garde nationale, et il n'accepta la lutte à outrance contre l'ennemi vainqueur, que pour l'honneur de ses épaulettes !

Au milieu de ces transes, le Parisien eut un court instant de joie quand la République française fut officiellement reconnue par les États-Unis, l'Espagne et la Suisse. Cette satisfaction provenait, non pas de la sanction accordée à notre nouveau mode de gouvernement, mais de l'espoir que l'exemple donné serait suivi par les puissances de premier ordre, la Russie,

l'Angleterre et l'Autriche. Les « barbares y regarde-
raient alors à deux fois avant de poursuivre leurs
projets! » Notre hâblerie nationale faisait une concession. Ce n'était plus le seul nom de république qui
devait arrêter l'ennemi. On y ajoutait maintenant
l'influence étrangère. Mais, dans cette concession,
notre vanité se taillait encore la part belle : « Paris,
disions-nous, est le cerveau du monde. Sans son cerveau, l'univers entier ne saurait vivre ! » Donc, les
grandes puissances ne pouvaient manquer bientôt de
crier à l'Allemagne : « Ne touchez pas à notre cerveau ! »

Cependant les stratégistes en chambre continuaient
à suivre, d'une épingle anxieuse, la marche des Prussiens sur leur nouvelle carte. A l'heureuse époque
où les masses criaient : A Berlin! la carte consultée
offrait aux yeux une Allemagne tout entière, au bas
de laquelle la France figurait par une légère bande de
frontière où l'on lisait à peine Metz et Strasbourg,
nos points de départ ; à cette heure au contraire
l'Allemagne avait cédé la place large à la France et
n'apparaissait plus, en haut de la nouvelle carte, que
par un liseré bien étroit. Depuis le Rhin, les épingles

en s'avançant toujours, avaient tracé deux longues pistes de piqûres qui s'arrêtaient pour le moment à Montmirail et à Laon que la double armée allemande venait d'atteindre.

— L'investissement de Paris est d'une impossibilité reconnue, s'écrièrent alors les *espions* déguisés en patriotes parisiens. L'opinion publique ajoutait foi à ces paroles. On ne se méfiait pas de ces hommes, qui obéissaient à un mot d'ordre venu de dehors, et qui avaient pour mission d'exprimer la plus violente haine contre les Prussiens... afin de mieux renseigner nos ennemis, en nous démoralisant par les « bonnes nouvelles » qu'ils faisaient circuler la veille de nos défaites.

Si lentement qu'il marchât, il était impossible d'espérer que l'ennemi n'arriverait à Paris que... dans vingt ans, époque à laquelle le décret sur l'in-struction primaire, si utilement lancé la veille par le gouvernement, aurait donné à la France ces virils et patriotes défenseurs que lui promettait Jules Simon. Il était donc de la plus complète urgence de remplacer ce trop futur moyen de défense par quel-que mesure d'un effet plus immédiat. En conséquence, le cénacle de l'Hôtel-de-Ville, après une séance de nuit, décréta la liberté d'exercice pour les professions de libraire et d'imprimeur ! !

Ce nouvel acte de la défense nationale inspira aussitôt une douce confiance au public.

Et, de fait, la population parisienne pouvait-elle sérieusement se convaincre qu'elle touchait à une terrible crise, en voyant le nouveau pouvoir rendre ces inopportuns décrets, dont nous n'avions que faire en si périlleuse passe? Sur les remparts, où la foule se rendait inquiète, on n'avait pas encore aperçu le plus petit canon, et l'on citait plusieurs de nos forts qui ne possédaient à cette heure pour toute garnison qu'un garde-magasin et ses deux aides. Seul, le palais de l'industrie, devenu arsenal, renfermait sept gros canons de marine près desquels les belliqueux enragés et toujours confiants venaient retremper leur courage. Ainsi, le peuple était en droit de croire que l'intervention étrangère allait arrêter la marche de l'invasion.

On caressait donc l'espoir d'une très-prochaine paix, quand M. de Kératry, le nouveau préfet de police, lança tout à coup ce sinistre avertissement : « MESSIEURS, ON FERME !

Après tant d'utiles heures perdues, depuis le jour où le décret sur les bouches inutiles n'avait laissé la porte ouverte qu'à un petit nombre de craintifs francs-fileurs, le gouvernement se décidait enfin à organiser la défense ; mais le signal de la fermeture prochaine de Paris fit rentrer dans l'enceinte fortifiée tous les habitants de la banlieue...

Les premières et inutiles mesures prises par le nouveau gouvernement devaient nous coûter bien cher !

CHAPITRE V

De même qu'au salon de peinture, ce cri des gardiens : « Messieurs on ferme » annonce la très-prochaine clôture des portes, l'affiche de M. de Kératry invitait à un prompt départ ceux qui ne voulaient pas se laisser claquemurer dans Paris.

Les optimistes, aveuglés jusqu'alors, furent enfin convaincus que « les barbares voulaient assiéger le cerveau du monde ! »

Des milliers de fanatiques, qui devaient mourir pour leur chère République, éprouvèrent aussitôt l'indomptable besoin d'aller « succomber » en province ou à l'étranger. De tous les nombreux corps de volontaires, celui des francs-fileurs fut le plus promptement organisé et il exécuta, avec un incomparable ensemble, cet adroit mouvement tournant qui prit le danger par derrière.

En un clin d'œil les gares s'encombrèrent aussitôt d'une foule d'hommes jeunes et vigoureux qui décampaient avec une ardeur d'autant plus vive qu'elle était surexcitée par cette vieille galanterie française dont la devise légendaire est : « Tout pour les dames ! »

En maris dévoués, parmi tous ces francs-fileurs, ce n'était qu'un cri de tendre sollicitude pour leurs pauvres femmes chéries qu'ils avaient hâte de conduire à l'abri du danger. Quant à eux, disaient-ils, ils allaient revenir... on pouvait tenir leurs armes au chaud ! Malgré tout ce bon vouloir, le zèle conjugal les entraîna si loin, si loin qu'ils ne purent regagner Paris, qu'après l'armistice. Encore, au retour, eurent-ils de sévères paroles pour ceux dont *l'entêtement* à résister, les avait tenus, durant cinq longs mois, éloignés de leur domicile !

Pour en finir avec les francs-fileurs, deux anecdotes à leur sujet.

Un d'entre eux, pendant le siége, s'était réfugié

dans un petit coin bien ignoré de l'Ouest, et là, il attendait anxieusement les nouvelles. Le faux bruit arriva que, dans une sortie, les Parisiens avaient repoussé l'ennemi...

— Comment! ils ont repoussé l'ennemi? mais ces imbéciles-là vont le rejeter sur nous! s'écria ce brave, furieux de la bêtise des Parisiens.

Un autre de ces francs-fileurs stationnait devant un café du boulevard, quand une pauvre bouquetière vint lui offrir ses « dernières fleurs ».

— Des roses! l'heure est bien aux roses, misérable! Vends donc plutôt des bouquets de révolvers!! grinça notre homme avec une énergie qui faisait présager qu'à l'heure du combat il serait tout bardé d'armes... un chassepot derrière chaque oreille, comme une plume de bureau!

Deux heures plus tard, un ami surprenait cet enragé au moment où il montait dans un wagon... afin de se rapprocher de Marseille!

— Tiens, tu files! s'écria-t-il un peu surpris,

— Oh! ma foi, oui, je ne veux pas rester une

heure de plus dans une ville qui n'est pas décidée à se défendre! répliqua l'ardent patriote, d'une voix brisée par le désespoir.

Et de fait, ce franc-fileur n'avait pas tout à fait tort, car le bruit courait par les rues que Paris ne pouvait tenir plus de quarante-huit heures.

Les gens du pouvoir, ceux-là même qui auraient dû faire preuve d'enthousiasme, étaient les premiers à encourager cette rumeur. A tous les groupes qui accouraient pour demander des armes et se mettre spontanément à la disposition du gouvernement, le cénacle de l'Hôtel-de-Ville débitait un petit chapelet de phrases glacées qui rafraîchissaient le trop grand zèle.

— C'est une héroïque folie, disait l'un.

— Les Prussiens entreront où et quand ils voudront, ajoutait l'autre.

— Paris ne saurait se défendre plus de deux jours, appuyait un troisième.

A les entendre, on se demandait si nous n'avions pas plus court d'aller nous mettre au lit pour nous laisser surprendre pendant notre premier sommeil.

On peut affirmer, sans crainte d'être démenti, que le gouvernement ne s'occupa sérieusement de la défense que le jour où il se sentit lui-même entraîné par l'élan général. Dans le premier régiment des défenseurs volontaires, les hommes du pouvoir n'ont donc été ni des chefs ni des soldats; c'est tout au plus s'ils ont suivi la musique !

Ce fut donc au milieu d'un indicible grabuge que le conseil « général » se décida à organiser la défense. Quand nous disons « organiser » le mot est faux, car l'Hôtel-de-Ville n'eut même pas à prendre l'initiative de faire entrer dans Paris tout ce qui devait être nécessaire pour y subir un long siége. Vivres, munitions, troupeaux, grains, approvisionnements de toutes sortes avaient déjà été entassés dans la ville. On n'avait même pas oublié les pierres meulières.

C'était au suprême appel du pouvoir renversé que nous devions aussi de voir accourir à Paris les cent bataillons de mobiles provinciaux, les braves marins et les fusiliers de la flotte qui nous amenaient leurs canons et dont l'arrivée était annoncée.

Tous les éléments de défense étaient donc là, sous

la main de nos gouvernants qui n'avaient plus qu'à les employer et surtout à les compléter en ce qu'ils avaient d'insuffisants.

Et voici comment ils s'y prirent, aidés par les généraux Guiod et Chabaud-Latour, les deux grands maîtres du génie et de l'artillerie, pendant les quinze derniers jours que les communications furent libres.

Sous prétexte que les greniers étaient pleins, M. Magnin ne fit pas ajouter une once de farine aux provisions entassées.

On ne songea pas à faire venir un seul canon du parc d'artillerie de Bourges.

On oublia totalement l'approvisionnement de bois de chauffage.

On voulut incendier les forêts, sans penser que « la séve d'automne » arrêterait les flammes impuissantes.

On resta le nez en arrêt devant l'amas des pierres meulières, au lieu de les mettre aux mains de quinze ou vingt mille ouvriers, qui, bien payés, auraient promptement travaillé, de jour et de nuit, à ces

redoutes de Châtillon, de Meudon et de Montretout,
abandonnées bientôt — à peine ébauchées — à l'ennemi qui les tourna contre nous !

On omit si complétement de fortifier cette partie
du septième secteur qui fait face au Bas-Meudon que
M. de Moltke, s'il eût connu ce détail, aurait pu entrer
dans Paris trois heures après l'affaire de Châtillon !

A côté de ces oublis, ajoutons les mesures dues
à l'initiative du gouvernement de la défense :

Ce fut lui qui fit sauter tous les ponts qui, dé-
fendus par les batteries de nos forts, auraient pu
être utilement conservés. Nous n'appuyerons pas
sur ce nouveau moyen de faciliter les sorties à une
ville assiégée !

C'est fut lui qui eût l'idée d'enfermer dans Paris
cette population suburbaine qui aurait pu cultiver
ses champs sous la protection de nos canons, nous approvisionner de légumes et défendre ses maisons
contre le pillage et l'incendie.

C'est encore au gouvernement que nous devons
cette *troisième enceinte* formée par ces barricades

qui retardaient tous les mouvements des troupes à la sortie de Paris.

Ce fut bien la plus stupide des inventions, mais ces « grands citoyens, » qui désiraient ménager toujours la chèvre et le chou, avaient cru devoir faire cette charmante concession aux « bien-aimées et fort redoutées» populations de Belleville et de Montmartre que Rochefort *protégeait*, en vertu de son mandat impératif !

Qu'il me soit permis d'entrer ici en scène pour dire, à l'occasion de ces fameuses barricades, que j'ai été le premier à voir la Commune naissante, sortir de l'œuf... rouge.

C'était, s'il m'en souvient, le 7 septembre. Le gouvernement constitué en permanence tenait séance dans le grand salon qui servait jadis de cabinet au préfet de la Seine.

Entre cette salle et celle où attendait la foule des « solliciteurs et amis » se trouvait un salon réservé à M. Becquet, secrétaire du gouvernement.

Par ordre de M. Pelletan, la garde de l'Hôtel-de-Ville « dégarni de troupes » avait été confiée le

5 septembre aux éclaireurs du commandant Franchetti, corps de volontaires qui comptait sept jours d'existence. Un peloton d'éclaireurs à cheval se tenait donc dans la cour de l'Hôtel-de-Ville, prêt à porter les dépêches ou les ordres que leur descendait le sous-officier de planton dans la pièce dévolue aux secrétaires.

Ce jour-là, j'étais le sous-officier de service.

La consigne donnée aux huissiers par le secrétaire du gouvernement était de laisser entrer, un à un, les solliciteurs qui, avant de parler aux membres du gouvernement, devaient s'adresser à M. Becquet.

Peu à peu cette consigne fut forcée par Flourens, Millière, Lissagaray, Tibaldi, Gambon, Rabuel et consort, dont j'ignore les noms. Réunis en un groupe d'une douzaine de hardis, ces messieurs ne se gênaient pas pour discuter très-bruyamment entre eux, et témoignaient très-haut un vif désir de culbuter ceux qui, ayant couru plus vite le 4 septembre, occupaient maintenant, dans la salle à côté, des places que le groupe en question m'avait tout l'air de regarder comme lui ayant été volées...

— Nous arriverons à les flanquer à bas en les poussant à la paix, conseillait sournoisement le trop fameux Millière.

— Pourquoi attendre? expédions-les tout de suite à Mazas, répliquait le turbulent Flourens.

J'ajouterai que, pour parler ainsi, Flourens se savait soutenu par la présence sur la place de trois cents mauvais drôles bien armés et équipés de la façon la plus disparate, qui, après l'avoir escorté jusqu'aux portes, commençaient à se glisser dans les salles de l'Hôtel-de-Ville, malgré les efforts des éclaireurs Franchetti trop peu nombreux pour pouvoir les contenir.

De temps en temps la porte du conseil s'ouvrait pour donner passage à Rochefort qui, jouant la navette entre le groupe et le gouvernement, cherchait sans compromettre sa popularité, à congédier doucement ces dangereux visiteurs, par les quelques anodines concessions dont il se disait l'intermédiaire.

Mais la craintive indulgence dont le conseil faisait preuve finissant par enhardir ceux dont on voulait

se débarrasser, l'allure des *démocs* se fit plus mena-
çante, surtout quand elle se vit soutenue par la présence des séïdes de la place, qui débordant le petit
poste des gardes, avaient envahi l'Hôtel-de-Ville.

A ce moment où le gouvernement n'était plus
protégé que par une mince porte contre la criminelle
tentative de ces hommes, l'occasion était vingt fois
plus belle qu'elle le fut sept semaines plus tard, au
31 octobre.

Paris bouleversé était complétement dépourvu de
troupes régulières, les marins n'étaient pas encore
arrivés, la garde nationale n'avait aucune organisation, les mobiles de province rassemblés en hâte,
mal armés et fort incomplétement équipés, campaient
dans la plaine Saint-Maur avec les mobiles parisiens,
qui réclamaient déjà l'élection de leurs officiers... rien
en un mot ne pouvait s'opposer au coup de force de
ces malandrins ambitieux qui connaissaient la situation.

De planton devant la porte, je voyais peu à peu
monter l'orage qui allait éclater et balayer le gouvernement du 4 septembre. Quelques minutes encore et
tout était fini, car plusieurs complices des futurs

communeux m'entouraient déjà et voulaient s'assurer de mon silence... quand, exactement comme dans une féerie... éclata tout à coup une sonnerie étrange. Chacun se précipite aux fenêtres.

C'était, défilant au coin de la rue de Rivoli, l'escadron des spahis aux burnous rouges qui formaient l'avant-garde du corps d'armée que Vinoy ramenait de Mézières. En ce moment trente mille hommes entraient dans la ville.

Cette subite arrivée d'une troupe dont ils ignoraient l'esprit, sembla rafraîchir immédiatement l'ardeur révolutionnaire du groupe menaçant et de ses « aides » qui se crurent cernés dans l'Hôtel-de-Ville.

En même temps, les membres du gouvernement, quelque peu rassurés, se hasardèrent à sortir de la salle dans laquelle ils s'étaient tenus cois... et on s'entendit facilement avec ceux dont le ton était devenu très-doux.

Le soir même, un peloton de cuirassiers vint renforcer les éclaireurs Franchetti et le 2ᵉ bataillon de la garde nationale fut envoyé à l'Hôtel-de-Ville dont le gouverneur provisoire, secrétaire du maire Arago, fut révoqué.

Pendant ces agitations révolutionnaires, qui vinrent troubler les premières séances du gouvernement de la défense nationale, les princes d'Orléans étaient accourus à Paris.

Grâce à l'influence de M. de Kératry, ils « obtinrent une audience » du vice-président Jules Favre.

— Nous venons mettre nos épées au service de la France, dit le duc d'Aumale au nouveau pouvoir.

— Nous ne doutons pas de votre patriotisme, lui répondit-on, mais votre présence à Paris peut devenir un embarras pour nous! Laissez-nous en finir avec l'ennemi...

Jules Favre se préparait alors à sa promenade sentimentale de Ferrières! Il espérait encore attendrir par ses larmes éloquentes la soif inaltérable de vengeance de nos vainqueurs enivrés par leur triomphe.

Les princes d'Orléans n'insistèrent pas. Ils quittèrent Paris, et l'on sait que, malgré les poursuites exercées contre eux par Gambetta, ils servirent avec honneur dans les armées de province.

On peut donc attribuer également à la pression exercée sur les hommes du 4 septembre par les bandes armées de Flourens, cette décision formulée en termes ridicules par un de leurs secrétaires : sous le fallacieux prétexte que la république bénie ne devait recevoir « des TYRANS ni aide, ni protection » on refusa le même jour l'entrée de Paris au fils du roi Louis-Philippe comme on interdit l'entrée de la Villette... aux troupeaux de la baronne de Schlick [1]. On mit dans la même balance l'épée du vainqueur d'Abd-el-Kader, et les marchés conclus par les hommes du dernier Empire.

On entassa fautes sur bêtises. Aussi, il se forma bientôt dans l'ombre un gouvernement anonyme composé d'énergumènes exaltés, de meneurs assoiffés de popularité soutenus par tous les fruits secs des clubs et des journaux, fatigués de ne rien être. Tous

---

[1] Un récent procès a dénoncé cette noble dame comme ayant rempli auprès du ministre Duvernois ce même office que devait accepter madame Blanche Costar auprès de M. Magnin, son successeur.

ces fantoches politiques formèrent en quelque sorte une municipalité non reconnue, mais tolérée par ceux qui siégeaient à l'Hôtel-de-Ville, et de même que la chèvre broute toujours au bout de sa corde, cette seconde municipalité s'institua sans plus tarder : *Comité de vigilance*. C'est à M. Ranc que revient l'honneur de cette institution. Sur sa proposition, quatre délégués du *Comité de vigilance* furent « attachés » auprès des vingt maires de Paris. Ces *citoyens*, réunis aux Pyat, aux Gaillard, aux Assi et autres alliés des Prussiens, furent réduits à l'impuissance tant que l'armée et la garde nationale restèrent rangés autour du gouvernement, et ils ne s'occupèrent qu'à ourdir sourdement la trame qui devait victorieusement éclater après la paix.

Le gouvernement du 4 septembre commit donc une coupable imprudence en laissant organiser et librement fonctionner ce pouvoir insurrectionnel qui devait lui créer tant d'embarras.

Cependant, les proclamations et les blanches affiches affectaient une parfaite sécurité. Les avis du préfet de police aux Parisiens occupaient davantage les nombreux groupes, que ne pouvaient le faire les menées sourdes des communistes.

En même temps qu'elle invitait à prendre le large ceux qui n'avaient pas « l'humeur casanière », la dernière circulaire de M. de Kératry conseillait aux citoyens de s'approvisionner de victuailles et de se munir de tonneaux pleins d'eau, en prévision du bombardement [1] !

La population se trouva aussitôt partagée en deux catégories qui se croisaient hâtivement dans les rues : l'une avec sa valise à la main..... l'autre avec un jambon sous le bras.

La moquerie parisienne ne fut pas longue à baptiser du nom de *francs-fileurs* ceux pour lesquels la poudre d'escampette devint une munition de guerre qu'ils couraient chercher au loin.

Certains maris, bien connus, qui n'eussent pas, en temps ordinaire, mené leurs femmes chez... le dentiste, voulaient les conduire à ce jour au bout du monde !

---

[1] On pensait alors que, sitôt arrivés sous Paris, les Prussiens commenceraient le bombardement et qu'ils pénétreraient entre deux forts, fût-ce au prix de cinquante mille hommes !

Cette prudence exagérée des uns surexcita le patriotisme des autres qui, restant fermement à Paris, formèrent la plupart de ces corps de volontaires dont les plus remarqués furent : les éclaireurs Franchetti, les amis de la France (baptisés les *Londrès*, à cause de leur uniforme couleur tabac), les tirail leurs des Ternes, les éclaireurs Lafon et Pindrey, les canonniers del'École polytechnique, les mitrailleurs du commandant Pothier, les francs-tireurs de la Presse, pour ne citer ici que les volontaires incorporés plus tard dans l'armée régulière.

Quand les « timides » eurent vidé l'enceinte, on commença bientôt la chasse aux espions.

Les Français reconnaissaient enfin qu'ils avaient trouvé leurs maîtres en ruse et en perfidie, et personne ne mettait en doute l'organisation dans Paris même d'un vaste système d'espionnage prussien.

L'opinion publique céda à cette fièvre de défiance, et, sous les prétextes les plus frivoles, on commit de grossières erreurs. Les zélés gardes nationaux arrêtaient sans hésiter les généraux inspecteurs de fortifications comme les curieux les plus connus. Le même

jour, un maréchal de France [1] et le fameux dessina-
teur Cham furent traînés au poste de police comme
de simples espions et le général Trochu ne put rentrer à la porte Maillot, qu'après avoir parlementé
avec tous les officiers du septième secteur.

L'arrivée du corps d'armée de Vinoy avait donné
un peu d'élan aux préparatifs de défense. Grâce à
l'ancienne rage de bâtir du baron Haussmann, beaucoup d'entrepreneurs possédaient un immense
matériel qui fut employé à mettre les remparts en
état, à construire des casemates, à murer les portes.
Ces travaux furent exécutés avec un ensemble et une
promptitude remarquable. Sur certains points de
l'enceinte, ainsi qu'au Bas-Meudon, si on n'arriva
pas à temps, la faute en fut au génie militaire qui,
persistant à vouloir s'en tenir à la routine de tout
centraliser, allanguit l'initiative privée et paralysa
les efforts du génie civil.

Tandis qu'aux conseils de nuit sommeillait le res-
pectable général Le Flô, les grands maîtres du génie

______

[1] Le maréchal Vaillant a été arrêté le 7 septembre à Bercy, au
bastion 5.

et de l'artillerie prenaient toutes les mesures sous leur responsabilité.

L'hésitation première avait disparu.

Après avoir douté que Paris pût se défendre, le Parisien, sous le souffle d'une valeureuse réaction, finit par se persuader que la ville était imprenable. Paletots, blouses, chapeaux, tout disparut en un clin d'œil pour faire place à la vareuse, au pantalon à bande rouge et au képi. Si on ne recommença pas à chanter *la Marseillaise*, c'est que toutes les bouches étaient occupées à répéter la fameuse phrase : « *Pas un pouce, pas une pierre !* » que l'on s'obstine fort injustement à reprocher à Jules Favre.

Car elle n'est pas de lui !

Il n'est coupable que d'avoir démarqué le linge d'un autre. Nous avons dit que la Révolution avait arrêté net l'intervention étrangère, ou du moins les négociations que s'était ménagées l'Empire en souffrance. Dans une lettre à l'impératrice, le czar Alexandre avait en effet promis d'empêcher — s'il en était temps — que PAS UN POUCE, PAS UNE PIERRE, etc. Aux dernières heures de sa puissance, la régente

avait montré cette lettre au président du Corps législatif qui en parla à Jules Favre. Ce dernier s'empara
plus tard de la phrase, dont il fit une sorte *d'invite à
l'as* au czar, en croyant fort niaisement que l'allié de
Guillaume accomplirait, au profit de la République,
une promesse faite éventuellement à l'Empire.

L'ardeur belliqueuse de la population avait fini par
faire fondre la froide hésitation du gouvernement
qui, se reposant d'être inhabile, eut enfin quelques
idées heureuses. En première ligne, nous placerons
cette division de Paris en neuf secteurs qui, si elle
eût été conservée après l'armistice, aurait rendu impossible le succès de la Commune.

On s'occupa sérieusement, en vue du blocus, de se
ménager des moyens de communication. Si nombreux et ingénieux qu'ils fussent, ces moyens, sur
lesquels nous reviendrons, devaient être inutiles ou
insuffisants, et l'heure approchait où la curiosité parisienne n'aurait, pour se rassasier, que cette laconique et monotone prose signée : P. O. Schmidt.

Ce général Schmidt, fort innocent intermédiaire
qu'on a voulu aussi rendre responsable de notre

malheur, était, comme Ducrot et Trochu, un de ceux auxquels l'Empire avait battu froid.

La cause pour laquelle Schmidt, pendant dix années, fut tenu à l'écart est assez curieuse à conter. Au début de la bataille de Magenta, Napoléon III s'était à peu près laissé cerner par l'ennemi, dont le feu terrible décimait la garde impériale. Pour sortir de cette périlleuse position, il fallait le secours de Mac-Mahon qui, en ce moment, exécutait au loin et sans se presser le mouvement tournant qui l'a illustré.

Il devenait urgent de le prévenir d'avoir à raccourcir sa manœuvre pour revenir au canon.

Schmidt, alors colonel d'état-major, aide de camp de l'empereur, se proposa pour porter l'ordre à Mac-Mahon.

— Seulement, — dit-il à l'empereur hésitant à lui confier cette périlleuse mission, — pour une pareille course à fond de train à travers la campagne, il me faut un meilleur cheval que la bourrique que je monte !

— Choisissez dans tous les chevaux de l'état-major,

lui dit enfin l'empereur qui voyait ses grenadiers écrasés sous la mitraille.

L'œil du colonel ne fut pas long à s'arrêter sur le cheval du grand-écuyer Fleury, qui montait une de ces bêtes comme lui seul savait les choisir et les payer.

Sur l'ordre du souverain, et à la grande joie de l'état-major que le grand écuyer agaçait par les superbes caracolades de sa monture, Fleury dut troquer son magnifique coursier contre celui que Schmidt appelait une bourrique.

Ainsi monté, le colonel put rejoindre à temps Mac-Mahon. Le soir, la bataille était gagnée, mais le cheval était fourbu. — Jamais Fleury ne pardonna au général Schmidt, et, favori en titre, il parvint à toujours tenir à distance du souverain celui qui avait troqué un Bucéphale contre une Rossinante !

Ce fut le colonel Schmidt qui apporta à Saint-Cloud les drapeaux autrichiens enlevés à Magenta.

Après le départ des *francs-fileurs* qui nous avait retiré les êtres inutiles, il fallut se débarrasser des hôtes dangereux. Les quarante mille Allemands qui avaient jeté racine dans Paris reçurent l'ordre de déguerpir au plus vite. Près de quatre mille vagabonds et mendiants, qu'une rafle de police avait ramassés, furent expulsés par ordre de Trochu. — Bonne en principe, cette dernière mesure eut des conséquences fatales en ce qu'elle dissémina dans la banlieue déserte une bande de pillards qui rentrèrent peu à peu dans Paris avec le butin volé. Ces maraudeurs ne se cachèrent pas de leur effronté pillage, en répétant à qui voulait l'entendre : « Autant que ce soit *par nous* que par les *Prussiens!* » genre de patriotisme à part ! Beaucoup d'entre eux servirent d'espions et de vedettes à l'ennemi.

Après toutes ces mesures prises pour la défense à outrance, et malgré l'humeur guerrière de la population, le gouvernement, peu confiant dans l'avenir, se décida au dernier moment à envoyer M. Thiers auprès des grandes puissances pour les intéresser à notre malheureux sort.

La nouvelle de cette mission confiée à l'illustre homme d'État jeta dans tous les cœurs une joie qu'on dissimula soigneusement.

Malgré nos allures à la Bayard, chacun nourrissait au fin fond de l'âme un secret désir que la paix fût conclue : la bourgeoisie désirait la paix pour reprendre sa vie de travail; l'Hôtel-de-Ville la souhaitait pour se consolider au pouvoir; les gens de Belleville la voulaient pour avoir le loisir de renverser les hommes du 4 septembre.

Et malgré ce secret et général désir, c'était à qui crierait le plus fort : Aux armes !!!

———

CHAPITRE VI

LA SOURICIÈRE.

Après l'expulsion des Allemands, la fuite des francs-fileurs et le balayage des mauvais drôles qui infestaient la place, nous étions enfin « chez nous. »

Alors, on se compta.

A l'ennemi qui s'avançait, Paris pouvait opposer les forces suivantes :

1° Environ cinquante mille hommes de troupes régulières composées du corps d'armée ramené par le général Vinoy, auquel s'étaient joints tous les hommes, échappés à nos précédents désastres, qui avaient pu regagner la capitale ;

2° Les bataillons de gardes mobiles, dont on a faussement évalué à deux cent mille hommes un effectif n'ayant jamais atteint que le chiffre de cent huit mille combattants ;

3° Huit mille fusiliers de la marine ;

4° Les canonniers de la flotte, ceux de l'armée active et un corps d'artilleurs auxiliaires, recrutés parmi les anciens soldats, avaient fourni un total de dix-sept mille « servants » pour les deux mille deux cents canons qui garnissaient les remparts et les forts ;

5° Les quatre mille hommes de la garnison de Saint-Denis que commandait le général de Bellemare ;

6° Enfin la garde nationale, ne formant alors qu'un total de cent vingt bataillons, tous incomplets, et dont l'effectif atteignait à peine le chiffre de cent douze mille hommes, fort mal armés, sous les ordres du général Tamisier, un vrai mouton pour la douceur !

En joignant à ces forces les nombreux corps francs qui s'organisèrent rapidement, et qu'on peut évaluer à dix ou douze mille combattants, on arrive au total de trois cent quinze mille hommes qui, au moment de la fermeture des portes, formaient la garnison réelle de Paris.

Ces forces furent passées en revue, le 11 septembre, par leur commandant en chef, le général Trochu, gouverneur de Paris. Nous assistions à cette revue, qui eut lieu aux Champs-Élysées, et nous devons dire que le général fut très-bien accueilli par ses troupes.

Trochu avait conquis dans l'armée une juste popularité depuis la campagne d'Italie. Les Parisiens ne le connaissaient que par son livre dans lequel il avait dévoilé toutes les dangereuses routines de la « boutique militaire » et tous les dangers que devait courir la France avec une telle « désorganisation. » Quant aux soldats, ils savaient que le jour de Solférino, le général Trochu, attaquant le pont de Guiddizolo, avait fait marcher à l'ennemi, sa division entière par bataillons serrés en échiquier, l'aile droite en avant, et avec autant d'ordre et de sang-froid que si officiers et soldats eussent manœuvré au camp de Châlons !

Ne serait-il pas temps d'être enfin un peu juste pour le président du gouvernement de la défense nationale, que tout le monde a rendu responsable des fautes et des erreurs commises pendant le siége, sans que personne ait tenté sinon de le défendre,

tout au moins de faire valoir ce qui milite en sa faveur ?

On est en droit de s'étonner que monsieur Trochu
n'ait pas encore été accusé d'être aussi la cause des
horreurs de la Commune et des troubles de l'Algérie,
quand on voit tant de gens lui attribuer opiniâtré-
ment tous les malheurs de la France, pendant la durée du siége.

Les hommes du 4 septembre, malgré toutes
leurs fautes, ne sont pas responsables de la « faillite
impériale » ; il en est de même du général Trochu,
transformé aujourd'hui en bouc émissaire, sur lequel
chacun daube pour sa propre justification et auquel
on voudrait faire endosser tout l'insuccès des géné-
ráux qui ont commandé les armées de province pendant le blocus de Paris. Le général Faidherbe, dans
une récente publication, a formulé cette accusation,
et d'autre généraux, avant lui, avaient trouvé pareille
cause première à leurs défaites.

En France, où le ridicule tue, le général Trochu a
été atteint dans sa popularité par une burlesque
plaisanterie qui, s'attachant à lui et le poursuivant

dans tous ses actes, est venue amoindrir cette autorité morale indispensable à celui qui commandait en aussi périlleuses circonstances.

Après chaque proclamation du gouverneur, qui est un écrivain aussi élégant qu'un habile orateur, les parisiens goguenards s'écriaient :

— Lisez la belle prose du *rédacteur en chef de l'armée !*

Au plus sérieux comme au moins important de ses ordres, chacun répondait au général en chef par ce refrain :

> Plan, plan, ah ! quel plan !
> Mon Dieu ! quel beau plan !

Les meilleurs amis des Prussiens [1], dans leurs journaux exaltés, venaient encore renchérir sur ces gamineries, en baptisant le prudent général du surnom de *Fabius cunctator... et à travers ! !*

Que le général Trochu ait été faible, nous l'accordons, et encore, qui peut affirmer que cette faiblesse ne cachait pas une véritable humanité ?

[1] Les citoyens Pyat, Blanqui, Fleurens, Sapia et Cie.

On serait en droit peut-être de lui reprocher plus durement d'avoir envoyé à une inutile boucherie les hommes inexpérimentés et mal commandés qui formaient les huit dixièmes de ses forces.

Qui sait encore si cette mollesse ne provenait pas d'une parfaite connaissance de la situation, situation vraie, insurmontable, désespérée... et non pas telle que persistaient à nous la montrer le chauvinisme de quelques journaux, les bulletins menteurs de Gambetta et, par-dessus tout, nos rodomontades nationales ?

On a tant dit et tant répété d'infamies sur le général Trochu, que nous ne pouvons résister au plaisir de feuilleter son dossier pour en étudier les principales accusations.

Au dire de quelques-uns des plus acharnés, le général s'est rendu coupable d'une honteuse défection en mettant au service des « farceurs » du 4 septembre une autorité qu'il tenait du pouvoir impérial.

Qu'on nous permette, à ce sujet, de poser une simple question : L'armée appartient-elle au pays, ou bien au régime qui gouverne?

En France, où *la patrie suit le drapeau*, les chefs sont-ils tenus, dans leur obéissance, à faire passer un gouvernement... qui peut changer demain, avant la patrie qui reste immuable? Quand le régime impérial lui-même avait crié, écrit et publié sur tous les tons qu'il *faisait passer son intérêt dynastique* après le salut de la France, le gouverneur de Paris était-il donc obligé de se cramponner à cette dynastie, quand elle s'effaçait d'elle-même — en attendant qu'elle prît honteusement la fuite — devant le danger de la patrie ?

Non, moralement s'entend, le général n'a pas répondu à l'appel des gens du 4 septembre, il a écouté l'impérieux conseil de son patriotisme et il a mis au service du pays en détresse, cette autorité réelle, cette sanction militaire que lui laissaient dans les mains ceux qui avaient quitté la place.

Maintenant que notre armée réorganisée a revu ses anciens chefs, qui donc oserait reprocher aux généreux revenus d'Allemagne de servir aujourd'hui un gouvernement nouveau ? Ils ont remis au service de la patrie, représentée par le seul drapeau, une épée qui, avant tout et par-dessus tout, appartient à la

France. Ce que tant de braves chefs ont fait sans avoir démérité, pourquoi le reproche-t-on si amèrement au général Trochu qui, lui, pour se déterminer dans sa conduite loyale et brave, voyait, alors l'ennemi arriver menaçant ? Pourquoi donc ce qui, chez les autres, est justement traité de patriotisme devient-il une trahison de la part de M. Trochu ? Est-ce parce qu'il a été le premier à écouter la voix du devoir qui lui criait : La patrie avant tout! !

Examinons maintenant un autre chef d'accusation.

On a sévèrement blâmé chez le gouverneur de Paris son indécision à donner des ordres.

D'abord, est-on bien sûr que de nombreux ordres n'aient pas été donnés et que le gouverneur, à part deux ou trois de ses dévoués, ait toujours été ponctuellement obéi par ceux que les circonstances avaient soumis à ses ordres et qui le regardaient un peu comme un *parvenu* ou comme un *coupeur d'herbe,* ainsi que nous l'avons entendu appeler par des « sénateurs » ambitieux, tels que MM. Vinoy et Cie ?

Tombé, sous l'Empire, en une disgrâce qui l'avait tenu éloigné, Trochu, en reparaissant tout d'un coup dans une si haute position d'où il les dominait, semblait à quelques-uns leur avoir dérobé une place « à eux due. » Il s'en suivit une opposition sourde et moqueuse qui alla, sinon jusqu'à refuser d'obéir aux ordres, tout au moins à les exécuter veulement et à temps bien reposé.

Que de retards, de contre-temps, de fausses et désastreuses manœuvres dont on aurait facilement le secret, si on voulait se rendre compte du mauvais vouloir, de la jalousie ou de la démoralisation de ceux qui avaient charge d'obéir !

Parmi ces chefs, plusieurs généraux en retraite, consultant moins leurs forces que leur patriotisme, avaient repris un service que ne leur permettait plus l'affaissement physique et moral amené par l'âge. A ces vétérans on avait donné pour officiers d'état-major tous les « gandins » de la mobile non-réélus par leurs soldats aux élections des officiers, élections imposées au gouverneur par les membres du gouvernement ! Qu'on nous pardonne ce détail, mais nous citerons un de ces vénérables rentrants qui ne pouvait monter à cheval sans avoir satisfait certain besoin qui demandait trois quarts d'heure pour s'apaiser par petits et douloureux efforts... cela à la grande joie de son état-major se méfiant des alertes! Et derrière leur chef, les troupes attendaient pour exécuter l'ordre reçu de se mettre *immédiatement* en marche.

Autre détail. Après la prise du Bourget, le général de Bellemare fit savoir au gouverneur qu'il manquait d'artillerie pour se maintenir dans le village conquis par les « francs-tireurs de la Presse [1] » et occupé par sa brigade.

Trochu fit promptement expédier l'ordre au chef d'un corps en réserve, d'avoir à diriger au plus vite sur le Bourget son artillerie, qui, dans la position qu'il occupait bien à l'abri entre les forts et le rempart, lui était momentanément inutile.

— Mais non, du tout! je ne me sépare pas de mes canons... à quoi donc pense Trochu ? s'écria le chef en question !

Le porteur de l'ordre pressé dut retourner au palais du gouverneur, qui fut obligé de demander au général Ducrot son artillerie qui partit sur-le-champ.

---

1. Commandant Rolland.

Malheureusement ces allées et venues avaient employé une grande partie de la nuit, et l'artillerie requise arrivait une heure après que l'ennemi nous avait repris le Bourget.....

N'oublions pas, aussi, que le craintif cénacle de l'Hôtel-de-Ville, sans cesse en méfiance contre un pouvoir militaire qui pouvait le renverser, créait perpétuellement d'invisibles difficultés aux projets de Trochu, afin que les événements ne le fissent pas uniquement maître de la situation.

Non, nous qui avons vu les choses de près, nous ne pouvons pas laisser accuser de mollesse celui qui, mal ou hargneusement secondé, avait entrepris l'immense tâche de tout organiser militairement dans cette colossale cité, pour un siége aux proportions uniques dans l'histoire.

Il a donné à son devoir tout ce que permettaient les forces humaines, celui-là qui, pendant de longs mois, luttant contre les « Prussiens » de Paris [1], contre les avocats ses collègues, et contre l'ennemi du dehors... n'a eu d'autre repos, chaque nuit, que

1. On sait que la plupart des héros de la Commune étaient à la solde de la Prusse.

deux heures d'un sommeil pris dans un bain de tilleul, seul moyen de calmer la surexcitation nerveuse qui l'épuisait.

Passons à un autre grief.

S'il faut en croire ceux qui ont combattu au dehors, pendant que nous étions bloqués, la France et Paris auraient été victimes d'un gigantesque malentendu.

Pendant que les Parisiens se répétaient : « La province se lève pour nous délivrer », les départements, affirme-t-on, comptaient sur un immense effort de Paris qui les délivrerait!

Aujourd'hui, les armées de la Loire et du Nord accusent Paris de n'avoir pas su immobiliser l'ennemi devant ses remparts pour leur permettre d'avancer... et de leurs continuels insuccès, elles font remonter la cause première au gouverneur de Paris !!

Nous n'insisterons pas sur cette étrange prétention de vouloir retourner contre le commandant d'une place investie, les us et coutumes de la guerre, en soutenant qu'une ville assiégée doit être « à la dévotion d'une armée de secours ! »

L'Allemagne avait lancé sur nous onze cent mille

hommes — on le sait maintenant. — Sept cent mille d'entre eux auraient donc disparu sous terre [1], puisque les généraux de province prétendent qu'ils ont été défaits parce que « Trochu, ne sachant pas retenir devant Paris les 400,000 Allemands qui l'assiégeaient, a permis qu'une partie s'en détachât pour aller arrêter nos armées de la Loire et du Nord. »

Thèse absurde à soutenir, il est vrai !

L'Allemagne disposait encore d'assez considérables forces pour amplement suffire à la tâche trop facile, avouons-le, de combattre ces armées improvisées, nullement aguerries, mal pourvues et encore plus mal équipées, s'il faut en croire les scandaleux et récents procès des fournitures d'armes et de munitions qui nous ont montré l'infériorité réelle, et bien reconnue par nos ennemis eux-mêmes, des troupes levées en province !

Si grand qu'ait été le courage de nos recrues et si habilement qu'il les ait commandées, le général Faidherbe ne nous fera pas croire qu'avec ses trente

---

1. Gambetta n'a pas hésité à écrire que 500,000 Prussiens avaient péri en France du 1er août au 15 décembre 1870 !!!

mille soldats, chaussés de carton et pourvus de mauvaises cartouches, il aurait pu vaincre les deux cent
mille hommes qui s'opposaient au passage, si Trochu
n'avait « permis encore par ses hésitations à quarante mille Allemands de s'éloigner de Paris pour
venir renforcer l'armée de Von Gœben ! »

Outre l'armée assiégeante, les Prussiens possédaient aussi en France six ou sept cent mille soldats,
au travers desquels les généraux de province font
aujourd'hui une trouée, *la plume à là main*, pour
venir mettre leur insuccès sur le dos de Trochu.

Quand on reproche au gouverneur d'avoir été si
sobre de sorties, oublie-t-on que, dès le début, son
premier essai lui avait servi de sévère et triste enseignement? Ne se souvient-on plus de cette affaire de
Châtillon où le général Trochu n'envoya que des
troupes régulières, qui, prises d'une soudaine panique, se replièrent dans la ville en y semant l'effroi?

A ce sujet, quelques historiens du siége se sont
niaisement plaints de l'insuffisance des forces enga-
gées en cette décisive circonstance. De bonne foi, à
part ces soldats réguliers, quelles étaient les forces
qu'on pouvait employer? Étaient-ce les mobiles, qui

ne savaient même pas encore se servir de leur fusil à piston, dont la plupart étaient alors armés? Étaient-ce les cent vingt mille gardes nationaux, qui, pas plus que les pauvres moblots, n'avaient jamais vu le feu ?

Trochu avait devant lui un troupeau d'hommes... mais pas un soldat ; et ce troupeau s'accrut encore lorsque la garde nationale, y compris celle de la banlieue, porta de cent vingt à cent quatre-vingts, le nombre de ses bataillons. Quand, plus tard, on a parlé des *cinq cent mille* hommes avec lesquels on aurait pu faire la fameuse trouée, on s'est trompé de plus des trois cinquièmes sur le nombre de ceux qui étaient capables d'y prendre part.

La seule et vraie armée était celle du général Ducrot ; elle s'élevait à 123,000 hommes auxquels on aurait pu joindre 30,000 hommes de celle de Vinoy.

C'était là l'effectif de la force sérieuse de Paris, formée des troupes de ligne, des marins et des fusiliers de marine, des meilleurs bataillons de mobiles et des quarante mille gardes nationaux mobilisés à grand'peine. — Tout le reste de la défense comprenait les fort nombreux gardes nationaux sédentaires, gens calmes [1], qui auraient sans doute fait vaillamment leur devoir sur les remparts attaqués, mais qui se souciaient peu de la rase campagne. Derrière eux se cachaient les sinistres braillards qui, tout en criant : LA TROUÉE ! songeaient moins à sortir de Paris qu'à entrer... à l'Hôtel-de-Ville. (Leurs efforts échouèrent le 5 septembre, le 6 octobre, le 31 octobre, le 22 janvier... Mais ils devaient triompher le 18 mars !)

Quand on a cent fois répété qu'un soldat ne se faisait pas dans un jour [2], les ennemis du général Trochu ont voulu, à toute force, lui prêter le don d'improviser une armée en quelques heures. Ils refusent encore de reconnaître le temps qui lui fut nécessaire pour former cette seule armée de 180,000 véritables soldats, composée d'éléments

1. Sous le règne du dernier des Piétri, la garde nationale parisienne était devenue une institution anti-démocratique supprimée dans les quartiers excentriques, épurée dans les quartiers populeux. On n'y avait maintenu que les gens connus ; les officiers sollicitaient des grades dans l'espoir d'obtenir le ruban rouge, et les soldats montaient le plus souvent leur garde à la salle « des haricots. »

2. Nos troupes de province nous en ont fourni la preuve.

si disparates, pour la fondre en un tout, pour l'équiper, pour l'aguerrir par de petites escarmouches, et enfin pour la munir de ces chassepots et de ces canons qu'on dut fabriquer dans une ville où rien n'existait pour un pareil travail et où, par conséquent, il était nécessaire de constituer d'abord un outillage complet qui demanda plus de trois semaines avant de fonctionner.

Après deux mois d'un opiniâtre et incessant labeur, cette armée bien organisée et pourvue de tout, dont les assiégés auraient dû disposer dès le début, ne leur fut acquise que vers la fin de novembre. Alors le général Trochu allait vigoureusement agir, si Gambetta, grisé par la dictature, n'avait trouvé bon de bouleverser un plan arrêté, à son départ en ballon, entre lui et le gouverneur !

Dans la suite de ce livre, nous verrons Trochu, toujours trompé par l'exagération des nouvelles de Gambetta qui promettait monts et merveilles, subordonner ses actes à la conduite du dictateur provincial, et au lieu de tenter une trouée qui, eût-elle réussi, aurait lancé son armée dans le vide, attendre afin d'agir sûrement, qu'on lui indiquât le point

précis d'une attaque combinée avec les troupes de la
Loire.

Nous n'avons pas entrepris de faire l'apologie de
Trochu, mais nous voulons loyalement montrer, à
mesure qu'elles se présenteront, que bien des fautes
reprochées au général ne sont pas siennes. S'il a
endossé les inepties, les imprudences ou les folies de
beaucoup d'autres, c'est que notre stupide vanité
nationale veut toujours rendre un seul homme uniquement responsable des bévues de tous. Au lieu
de nous reconnaître domptés par les événements ou
par des forces supérieures, nous préférons nous dire
trompés, VENDUS OU TRAHIS.

Nous ne voulons pas signaler ici tous les nombreux
obstacles, inconnus du public, que le gouverneur de
Paris a rencontrés dans l'accomplissement de la mission qui lui avait été confiée ; mais il nous est impossible de ne pas dire que, du premier au dernier
jour, quand on ne faisait pas preuve de mauvais vouloir, on en prenait au moins tout à son aise avec les
ordres du général en chef ! — Le commandant de
Vincennes ayant réclamé le prompt armement de la
redoute de Saint-Maur, on lui adressa un rapport dans

lequel nous cueillons le passage suivant : « On a hésité au sujet de l'armement de cette redoute. Le général Ch. L... a dû y *aller aujourd'hui si le mauvais temps ne l'a retenu.* » Comme on sent bien que, pour un peu, le général en question reculerait sa visite au printemps prochain !

Nous n'appuierons pas sur la profonde ignorance des localités environnantes dont firent preuve un grand nombre de chefs de corps, malgré d'excellentes cartes qui pouvaient les renseigner. De là, pour rejoindre un poste d'attaque, bien des retards qui devinrent funestes.

— Où diable est donc la Jonchères ? s'écria un jour devant nous le général N..., qui, depuis deux heures, canonnait cette introuvable localité sans s'en douter le moins du monde !

Un autre a perdu trois heures à chercher le Mont-Avron.

Vous connaissez cette burlesque exclamation d'un général à l'affaire de Champigny. Au premier passage de la Marne, il s'adresse à son aide-de-camp :

— C'est la Seine, n'est-ce pas ?

— Non, mon général, c'est la Marne.

Arrivé au second bras de la rivière, le chef veut prendre sa revanche :

— Ah ! cette fois, c'est la Seine ?

— Non, mon général, c'est encore la Marne.

— Encore ! battons-nous donc en retraite ? s'écria-t-il rageusement.

Par contre, hâtons-nous de dire que, bien heureusement pour nous, il n'en était pas de même des chefs que nous avait donnés la marine. A l'heure dite ils arrivaient au point désigné.

Le siége de Paris a mis en saillie, à côté de celui de Trochu, les noms des généraux Ducrot et Vinoy.

A propos du général Vinoy, nous ne pouvons répéter ici que la courte et singulière appréciation faite sur lui par ses soldats : « *C'est un heureux lapin.* » — Et de fait, on peut constater que toutes les rudes secousses qui auraient dû, comme tant d'autres, le renverser de l'échelle, lui ont si favorablement profité qu'il est toujours *tombé* un échelon *plus haut.*

Nous serons moins laconique sur le compte du général Ducrot, sous les ordres duquel nous avons eu l'honneur de servir pendant cinq mois. Par une magnifique et malheureuse phrase écrite dans un patriotique élan, le général Ducrot a fourni aux Parisiens une belle occasion d'être ingrats pour l'énergique et intrépide dévouement dont il a fait preuve durant le siége.

Souvenons-nous de cette célèbre proclamation du général, et que le plus indifférent ose dire qu'il ne s'est pas senti profondément secoué en la lisant. Lu par les officiers, devant le front des troupes qui le lendemain devaient passer la Marne, cet appel de leur général fit verser des larmes à tous les soldats de son armée. A celui qui nous a causé cette poignante émotion, peut-on refuser d'avoir écrit sous une fiévreuse et ardente inspiration, sans qu'il eût pesé tous ses mots, ni retouché ses phrases ? Si la mort n'a pas voulu de Ducrot, ce n'est pas faute de l'avoir eue à sa portée dans cette sanglante affaire de Champigny, où le général affronta vingt fois le dan-

ger avec une témérité que peuvent attester les troupes
à la tête desquelles il enleva le plateau de Villiers...

Au lieu d'éplucher uniquement cette phrase de
Ducrot, mieux eût valu que la curiosité publique se
préoccupât plutôt des pages entières écrites par le
général, deux années avant, alors que, commandant
à Strasbourg, il signalait à l'orgueilleuse incurie de
l'Empire les formidables armements de la Prusse, et
prédisait les désastres dont ces préparatifs mena-
çaient la France.

La mort, en épargnant Ducrot, nous a conservé
l'homme de guerre qui, de l'aveu même des Prussiens, a eu les deux seules conceptions stratégiques
de toute la campagne. La fatalité en empêcha l'accomplissement. — A Sedan, Ducrot aurait sans doute
sauvé l'armée sans de Wimpfen, qui, réclamant le
commandement en chef, arrêta le mouvement de retraite commencé sur Illy. C'est encore Ducrot,
qui, à Paris, avait indiqué au général Trochu la seule
sortie possible : cette trouée sur Rouen par la rive
droite de la Seine alors libre d'ennemis. La fantaisie
de Gambetta changea ce plan qu'il devait « aider du

dehors » et donna aux Prussiens le temps de s'établir dans la Normandie.

Grand, robuste, sanguin, plein d'une vitalité qui déborde dans ses actes comme dans ses paroles, infatigable au point de rester à cheval jour et nuit, aimé du soldat qu'il entraîne par sa bravoure, le général Ducrot est ce qu'on appelle vulgairement un *beau metteur de pieds dans le plat*. Aux tâtonnements et aux hésitations de la défense, il a opposé cette tenace volonté et cette impitoyable franchise qui, sous le précédent régime, l'avait fait tenir un peu à l'écart.

Tout en donnant ici quelques détails sur son évasion après la capitulation de Sedan, nous croyons inutile de parler de cette injurieuse imputation contre laquelle le général a su hautement défendre son honneur attaqué [1].

Muni d'un sauf-conduit qui l'autorisait à se rendre avec son état-major de Glaire à Pont-à-Mousson, où

---

[1] Voir aux appendices de ce volume la lettre du général Changarnier.

l'attendait le convoi qui l'emmènerait prisonnier en Allemagne, Ducrot, n'ayant pas voulu « séparer son sort de celui de ses soldats », arrivait en cette dernière ville au jour fixé et remettait son sauf-conduit au commandant militaire prussien.

Cette remise dégageait sa parole et le constituait *prisonnier gardé...* c'est-à-dire en droit, à ses risques et périls, de chercher à reprendre sa liberté.

Ayant reçu l'ordre de se présenter à la gare en tenue militaire, Ducrot et son état-major entrèrent dans la station au moment où un convoi allait se mettre en route. Ils firent charger leurs bagages à la hâte et quelques officiers montèrent aussitôt en wagon. Mais le train était si plein de blessés et de prisonniers que le général et deux de ses aides-de-camp [1] ne purent y trouver place. La station ne possédant pas un seul wagon qu'on pût attacher à la suite, ces messieurs, forcés d'attendre un autre convoi, virent partir le premier train.

Restés dans la gare de Pont-à-Mousson, gardée par

---

[1] Le brave commandant Bossan et le capitaine de Gaston

quelques soldats prussiens, les trois délaissés se rendirent au buffet qu'ils trouvèrent naturellement dépourvu de toute espèce de provisions.

La salle était éclairée par une porte-fenêtre ouvrant sur une petite place de l'autre côté de laquelle se montrait une auberge.

Une idée vint aussitôt au général.

— Essayez donc de sortir pour gagner cette auberge, nous verrons si nous sommes bien sérieusement surveillés, souffla-t-il tout bas à son officier d'ordonnance.

Celui-ci ouvrit la porte sans trop se presser, traversa lentement la place et entra dans l'auberge sans qu'une des sentinelles se fût opposée à son expédition. L'autorité prussienne comptant que tous les prisonniers pourraient partir par le convoi, n'avait donné aucune consigne en prévision du retard survenu.

Cinq minutes plus tard, les trois prisonniers étaient réunis dans l'auberge. Après un très-sommaire repas, l'aubergiste mit à leur disposition de rustiques accoutrements qui remplacèrent les uniformès.

— Vous savez que vous vous exposez à être fusillé, si on découvre ces uniformes chez vous? dit Ducrot au brave homme.

— Bah ! bah ! on n'est pas Français pour rien. Filez d'abord, c'est le plus pressé ! repartit l'aubergiste, en les faisant partir par le derrière de sa maison.

Il était temps ! Comme ils s'évadaient ainsi à la nuit tombante, une division prussienne arrivait à Pont-à-Mousson, et ce fut pour ainsi dire à coups de coude que les trois prétendus bouviers purent se frayer un passage à travers la masse ennemie.

Ils marchèrent jusqu'au point du jour. Des charrettes de paysans, qui passaient à vide, recueillirent les fugitifs harassés et les conduisirent jusqu'à Chagny, station encore libre, d'où le général télégraphia son évasion à madame Ducrot, à ses enfants et à son vieil ami Trochu.

On comprendra facilement l'étonnement de madame Ducrot, du préfet, de l'évêque et de la haute société de Nevers, qui étaient venus attendre le glorieux évadé à la gare, quand au lieu du général en uniforme, ils virent sortir du wagon un grand et

robuste paysan qui tenait encore en main sa touche
à bœufs.

La joie de se retrouver fut de courte durée, car,
tout aussitôt, arriva un télégramme de Trochu qui
appelait près de lui son fidèle camarade.

Immédiatement le général Ducrot quitta Nevers, et,
par un long détour, il atteignit la capitale dans la nuit
du 15 au 16 septembre, c'est-à-dire quelques heures
après que la première rencontre avec l'ennemi avait
eu lieu sous les murs de Paris.

C'était à l'escadron des éclaireurs Franchetti que
revenait l'honneur de ce premier engagement.

Pendant les journées précédentes, ce corps de volontaires [1] avait inutilement battu l'estrade entre
Saint-Germain et Pontoise, en quête des éclaireurs
ennemis. Cette expédition a été consignée dans un
rapport dont nous voulons extraire ces curieux pas-
sages : « Partout nous avons trouvé la population
affolée de terreur ; *dans quelques localités, des indivi-*

---

[1] Voir aux appendices de ce volume les pièces tirées des archives de l'escadron.

*dus ont usurpé l'autorité municipale et en abusent
plus ou moins.*

« Quant aux préparatifs de défense, ils sont nuls
et consistent presque partout *en dégradations plus
nuisibles qu'utiles !*

« A deux kilomètres de Bezons, des détonations
successives nous ont appris que les ponts de Bougival et de Maisons sautaient !! »

Sans nous arrêter sur ces faits signalés dans les
rapports du commandant Franchetti [1], faits qu'aucune
enquête n'a jamais éclaircis, nous dirons que l'escadron de ce vaillant chef, à peine rentré à Paris, avait
reçu l'ordre d'aller battre la campagne jusqu'à Boissy-
Saint-Léger où l'on signalait l'apparition des coureurs
allemands.

Les cavaliers Franchetti, qu'on envoyait ainsi constater, à plus de vingt kilomètres, la présence de
quelques uhlans, ne se doutaient guère qu'à *tout au*

---

[1] Ces rapports sont reproduits en entier dans nos appendices.
Voir à la fin du premier volume.)

plus mille mètres du fort de Charenton ils allaient rencontrer toute l'armée prussienne !

Au carré de Pompadour, une troupe de hussards bleus tenta d'entourer nos éclaireurs, qui, après un brillant combat que l'infériorité du nombre ne permettait pas de continuer, battirent en retraite sous le feu de l'ennemi en ramenant huit blessés.

Cette sanglante reconnaissance nous apprenait enfin que, de ce côté de Paris, l'armée du prince de Prusse, qu'on croyait encore très-loin, arrivait en trois colonnes qui, faisant leur jonction à Choisy-le-Roi, passaient la Seine sur divers ponts de bateaux, pour gagner Versailles par la route stratégique.

En même temps, par le Nord, l'armée du prince de Saxe débordait Paris, qui, à cette heure, se trouvait à demi-enveloppé par un immense croissant dont les deux pointes tendaient à se réunir sous Versailles.

Le plan de Trochu et de Ducrot fut promptement arrêté. Il fallait couper l'une et l'autre corne de ce croissant : attaquer la première à Châtillon, puis traverser Paris pour courir se jeter sur la seconde entre Saint-Denis et Pontoise.

Le 19 septembre, Ducrot, à la tête du 14e corps, livrait le combat de Châtillon dont on connaît le malheureux résultat [1]. Démoralisées par nos précédents désastres, les troupes régulières, zouaves ou lignards de marche, s'enfuirent pendant que des bataillons de mobiles, qui débutaient au feu, tenaient énergiquement pied. Malgré l'héroïque résistance de l'artillerie qui, dans la redoute de Châtillon, si inachevée qu'elle fût, combattit jusqu'à l'entier épuisement des munitions, il fallut se replier sur la ville en abandonnant nos canons encloués dans la redoute, faute de chevaux, que les fuyards avaient emmenés. Après une aussi triste tentative, il était inutile de penser à la seconde attaque projetée par Saint-Denis et Pontoise.

— Songeons d'abord à nous refaire une armée, prononça Trochu, au conseil, le soir de la bataille de Châtillon.

---

[1] Nous sommes heureux de pouvoir donner dans nos appendices le rapport militaire de cette malheureuse bataille, rapport non livré à la publicité jusqu'à ce jour.

Cependant les deux armées allemandes, en se rendant à Versailles, avaient changé le croissant en un immense cercle qui entourait Paris.

Nous étions pris dans la souricière !!

(Le second volume du *Casque Prussien* donnera tous les détails du blocus de Paris.)   *Note de l'éditeur.*

FIN DU PREMIER VOLUME.

APPENDICES

PIÈCES A L'APPUI

La lettre suivante [1] a fait *bien rire* les Parisiens, dans un moment où le rire était plus rare que le reste...

Elle suffit pour démontrer que, même en villégiature orientale, l'impératrice prenait une active part au gouvernement de la France.

Toute la volumineuse correspondance impériale sera publiée, et notre pauvre pays comprendra peut-

[1] Publiée par la commission nommée par le gouvernement, pour classer et réunir les papiers secrets du second Empire.

Membres de cette commission : MM. de Kératry, préfet de police, A. Lavertujeon, Estancelin, Gagneur, A. Cochin, Jules Claretie.

être enfin qu'il méritait tous ses malheurs, en su-
bissant aussi longtemps le joug d'une Espagnole
superstitieuse, et la dictature d'un demi-Corse incapable et impotent !

———

Lettre de l'impératrice à l'empereur.

Yacht impérial *l'Aigle.*

Le Caire, 23 octobre 1869.

« Mon très-cher ami,

« Merci de ta bonne lettre ; je suis heureuse, tu le
sais, quand tu *approuves* ce que je fais, et tu peux
être sûr que tous mes efforts sont toujours portés à
te faire le plus grand nombre d'amis possible.

« L'idée du roi m'a bien amusée, car *il a été d'un
galant à te faire dresser les cheveux.* Je ne sais si la

présence d'un tiers le gêne pour me faire des confidences politiques, mais, dans tous les cas, pas les autres !... Enfin j'ai fait de mon mieux pour lui plaire, et *je te ferai bien rire* en rentrant et en te racontant mon entrevue.

« Ce que tu me dis sur *ta santé m'ennuie,* mais ne m'effraye pas, *parce que je sais que c'est long à revenir à la santé. Soigne-toi, je t'en prie,* songe combien non-seulement ta vie, mais ta santé est utile à tous, et à notre enfant surtout.

« Je me préoccupe beaucoup de la tournure de l'esprit public chez nous ; Dieu veuille que tout se passe tranquillement et sagement, sans folie d'un côté et *sans à-coup* de l'autre, et que l'ordre soit maintenu sans user de la force ; car le lendemain de la *victoire* est souvent difficile, plus difficile que la veille.

« Mais de loin, je suis mauvais juge des événements.

« Tu devrais parler à l'amiral du commandant de Surville ; celui-ci ne m'a pas parlé, mais les officiers de son bord en ont parlé à ces messieurs. Il paraît que dernièrement M. Jauréguiberry aurait passé contre-amiral, étant moins ancien que le commandant de Surville ; ceci lui aurait fait beaucoup de peine. Mais, je te le répète, il ne m'en a pas soufflé mot. Comme le ministre est ombrageux, tu ferais bien de prendre des ménagements avec lui. Je ne puis te donner mes impressions de voyage. J'ai trouvé chez tous et partout le désir bien vif de nous être agréable et de tout faire pour cela. Le Caire a conservé son ancien cachet, pour moi moins nouveau que pour ces dames, car cela me rappelle l'Espagne.

« Les dames, la musique et la cuisine sont identiques. Nous allons ce soir .à un mariage, qui doit avoir lieu chez la mère du kédive ; hier soir nous avons assisté aux prières des derviches, tourneurs et hurleurs : c'est inconcevable qu'on puisse se mettre dans un pareil état ; cela m'a causé une grande impression.

« Les danses dans le harem sont celles des bohémiennes d'Espagne, plus *indécentes* peut-être ! Aujourd'hui je suis restée tranquille pour me reposer, car je suis très-fatiguée, mais très-intéressée par tout

ce que je vois. On ne dirait jamais que nous avons
en si peu de temps fait tant de chemin et visité tant
de pays divers. Je fais collection de souvenirs et je te
raconterai cela au coin du feu.

« L'idée de Louis m'a bien amusée, et je suis curieuse de savoir *s'il fera sa liste* et ce qu'il en fera,
le général ??? Dans sa lettre, il me dit que tu vas
chasser à courre ; mais je suppose qu'il prend son
désir pour une réalité.....

« Ta toute dévouée,

« EUGÉNIE. »

Dans un coffret de marqueterie, placé au salon vert
de l'impératrice, on trouva une mignonne cassette
où plusieurs lettres intimes étaient classées par ordre
alphabétique. Nous donnons ici les plus scanda-
leuses, parce que dans les impériales discussions

entre le mari et la femme, ces deux lettres étaient
l'ultima ratio de l'épouse trompée :

« Monsieur,

« Vous m'avez demandé compte de mes relations
avec l'empereur, et quoi qu'il m'en coûte, je vais
vous dire la vérité. Il est terrible d'avouer que je l'ai
trompé, moi qui lui dois tout, mais il a tant fait pour
moi que je vais tout dire. Je ne suis pas accou-
chée à sept mois, mais bien à neuf. Dites-lui bien
que je lui en demande pardon. J'ai, monsieur, votre
parole d'honneur que vous garderez cette lettre.

« Recevez, monsieur, l'assurance de ma considération distinguée.

« M. BELLANGER. »

« Cher seigneur (*Napoléon*),

« Je ne vous ai pas écrit depuis mon départ, craignant de vous contrarier ; mais, après la visite de M. X., je crois devoir le faire : d'abord pour vous prier de ne pas me mépriser, car, sans votre estime, je ne sais ce que je deviendrais ; ensuite, pour vous demander pardon. J'ai été coupable, c'est vrai, mais je vous assure que j'étais dans le doute. Dites-moi, cher seigneur, s'il est un moyen de racheter ma faute. Je ne reculerai devant rien. Si toute une vie de dévouement *peut me rendre votre estime*, la mienne vous appartient, et il n'est pas un sacrifice que vous me demandiez que je ne sois prête à accomplir. S'il faut pour votre repos que je m'exile et passe à l'étranger, dites un seul mot, et je pars. Mon cœur est si pénétré de reconnaissance pour tout le bien que vous m'avez fait, que souffrir pour vous serait encore du bonheur. Aussi, la seule chose dont à tout prix je ne veux pas que vous doutiez, c'est de la sincérité et de la profondeur de mon amour pour vous. Aussi, je vous en supplie, répondez-moi quelques lignes. Mon adresse est : Madame Bellanger, rue de Launay, commune de Villebernier, près Saumur.

« En attendant votre réponse, cher seigneur, recevez les adieux de votre toute dévouée, mais bien malheureuse,

« MARGUERITE. »

PIÈCES TROUVÉES DANS UN MINISTÈRE.

Petit échantillon de l'intérêt que prenaient aux affaires... publiques nos plus habiles hommes d'État du dernier Empire!

« Je soussigné, fondateur de la Compagnie maritime égyptienne, déclare que, en vertu des droits que me confère l'engagement ci-dessus de cinq cofondateurs, je m'oblige envers M. [1], de lui payer cinq millions sur les dix millions dont je suis autorisé à disposer, pour *rémunérer ses services* et *les concours étrangers* dont il croit pouvoir user à l'effet de l'obtention de ladite concession; ces cinq millions de francs lui seront payés au fur et à mesure des sommes que je recevrai moi-même et de la même manière.

« Paris, le 8 juillet 1867.

« CASTETS-HENNEBERT. »

[1] *Le nom ne fait rien à l'affaire.*

*Notes envoyées à la régente par Son Excellence
M. le préfet de toutes les polices.*

Singulières révélations sur certains démocrates :

. M. J. Vallès avait reçu 10,000 francs du gouvernement pour frais comme candidat de la misère contre M. Thiers. M. Vermorel touchait 500 francs *par mois;* M. Briosne, 300 francs; M. Nap. Gaillard, promoteur de la manifestation Baudin, 300 francs; un nommé Lepage avait touché de l'argent pour ne pas *publier un livre injurieux pour la dynastie.*

DÉPÊCHES SECRÈTES TROUVÉES AUX TUILERIES.

Les télégrammes suivants étaient échangés directement entre la régente et les états-majors.

Traduits en un chiffre spécial, indéchiffrable pour les employés du télégraphe, ils étaient transcrits sur un carnet oublié par l'impératrice au moment de son départ précipité :

1° Réponse de Napoléon III à « sa dame » lui annonçant qu'elle « ira peut-être le surprendre au camp pour la *bénédiction* des drapeaux ! »

« Metz, 31 juillet 1870.

« Malgré mon désir de te revoir, je crois qu'il est mieux d'y renoncer. D'ailleurs il est possible que nous partions d'ici à demain. Nous sortons de la messe ; *l'évêque a été très-convenable.*

« NAPOLÉON. »

2ᵇ Trois dépêches bien significatives : le grabuge commence.

L'Empereur à l'Impératrice.

« 8 août.

« La retraite sur Châlons devient trop dangereuse : je puis être plus utile en restant à Metz avec cent mille hommes bien réorganisés. Il faut que Canrobert retourne à Paris et soit le noyau d'une nouvelle armée. Ainsi deux grands centres, Paris et Metz : telle est notre conclusion. Prévenez-en le conseil. Rien de nouveau. »

L'Impératrice à l'Empereur.

« Paris, 8 août, 10 heures du matin.

« Ne vous préoccupez pas de Paris, J'EN RÉPONDS. Nous nous occupons aussi de former une armée à Paris. Ne vous privez pas de Canrobert, il peut vous être utile; vous n'aurez jamais trop de monde. — Nous avons appelé Palikao pour former une armée de Paris; l'opinion le désigne. — Changarnier, arrivé ce matin, a demandé audience au ministre. Essentiel : prévenir demande en envoyant Palikao. »

Piétri à l'Impératrice.

(Confidentielle pour l'impératrice seule.)

« Metz, 8 août, 4 h. 30 du soir.

« N'écoutant que mon dévouement, j'ai demandé à l'empereur s'il se sentait assez de forces physiques pour les fatigues d'une campagne active, de passer les journées à cheval et les nuits au bivac. Il est convenu *avec moi qu'il ne le pouvait pas.* Je lui ai dit alors qu'il valait mieux aller à Paris réorganiser une autre armée et soutenir l'élan national, etc.....

« PIÉTRI. »

———

Effroyables nouvelles soigneusement cachées par la régence en détresse :

Maréchal Mac-Mahon au commandant supérieur de
Sedan.

« Le Chesne, 27 août 1870, 3 h. 25 m. soir.

« Je vous prie d'employer tous les moyens pos-
sibles pour faire parvenir au maréchal Bazaine la dépêche suivante :

« Le maréchal de Mac-Mahon, au Chesne, au ma-
« réchal Bazaine.

« Maréchal Mac-Mahon prévient maréchal Bazaine
« que l'arrivée du prince royal à Châlons le force à
« opérer le 29 sa retraite sur Mézières, et de là à
« l'ouest, s'il n'apprend pas que le mouvement de
« retraite du maréchal Bazaine soit commencé. »

Maréchal Mac-Mahon à Guerre. — Paris.

« Le Chesne, 27 août 1870, 8 h. 30 m. soir.

« Les première et deuxième armées, plus deux cent mille hommes, bloquent Metz, principalement sur la rive gauche ; une force évaluée à cinquante mille hommes serait établie sur la rive droite de la Meuse pour gêner ma marche sur Metz. Des renseignements annoncent que l'armée du prince royal de Prusse se dirige aujourd'hui sur les Ardennes avec cinquante mille hommes ; elle serait déjà à Ardueil. Je suis au Chesne avec un peu plus de cent mille hommes. *Depuis le 9, je n'ai aucune nouvelle de Bazaine ;* si je me porte à sa rencontre, je serai attaqué de front par une partie des première et deuxième armées, qui, à la faveur des bois, peuvent dérober une force supérieure à la mienne, en même temps attaqué par l'armée du prince royal de Prusse me coupant toute ligne de retraite. Je me rapproche demain de Mézières, d'où je continuerai ma retraite, selon les événements, vers l'ouest. »

———————

Guerre à maréchal Mac-Mahon. — Au quartier général.

(Urgent. — Faire suivre.)

« Paris, 28 août 1870, 1 h. 30 m, soir.

« Au nom du conseil des ministres et du conseil privé, je vous demande de porter secours à Bazaine, en profitant des trente heures d'avance que vous avez sur le prince royal de Prusse. Je fais porter le corps Vinoy sur Reims. »

L'impératrice ajouta le curieux *post-scriptum* suivant à cette dépêche :

« Maréchal,

« *En aucun cas et quoi qu'il advienne, ne ramenez pas l'empereur à Paris. C'est la révolution.*

« E. »

Le maréchal de Mac-Mahon réunit alors un conseil de guerre à Courcelles, et déclara à l'empereur qu'il *refusait* de se porter sur Metz... tant qu'il serait sans nouvelles du maréchal Bazaine.

Au milieu de ce conseil, MM. Rocher, de Saint-Paul et Granier dit Cassagnac furent introduits. Ils apportaient les nouvelles de Paris, où l'émotion publique se trahissait déjà avec vivacité.

Ces messieurs sont porteurs de lettres autographes de la régente, dont la plus longue se termine par ces mots :

« Pour des raisons que je ne puis pas expliquer dans cette dépêche, je désire que Louis reste à l'armée, et que l'empereur promette son retour à Paris *sans le faire effectuer*. — Le conseil des ministres et le conseil privé pensent unanimement, au point de vue politique, que la concentration stratégique des forces militaires sera approuvée par le pays. »

Le maréchal de Mac-Mahon, qui avait déjà *donné les ordres de replier l'armée sur Soissons*, cède aux instances de Paris et décide la marche aventureuse en avant, avec Montmédy comme ob'ectif !...

Peu de jours après il écrit ces deux lignes terribles :

Au ministre de la guerre. — Paris.

« Sedan, le 31 août 1870, 1 h. 15 m. matin.

« Mac-Mahon fait savoir au ministre de la guerre *qu'il est forcé* de se porter sur Sedan. »

Nous terminons ces extraits du livre secret de la régente par ces singulières dépêches :

Extrait des dépêches du 4 SEPTEMBRE 1870.

(Jour de la République.)

A. M. Conti, chef du cabinet de l'Empereur, 184, rue de Rivoli, Paris.

De Libramont, 1 h. 45, le 4 septembre 1870.

« Préfet de police est-il aux Tuileries de sa personne ? »

11.

Réponse.

« Il n'est pas aux Tuileries. Ne transmettez pas cette dépêche.

« Il y a un monsieur dans le cabinet à côté. »

2me réponse.

« Alors, ne remettez rien. Le nouveau directeur général envoie quelqu'un dans une demi-heure. »

Demande.

2 h. 30.

« Recevez-vous les dépêches pour l'impératrice ? »

Réponse.

« Non. »

Demande.

« Le palais est donc envahi ? »

Réponse.

« Non. »

« Alors je vous donne quand même la dépêche de Madrid. »

Au prince Napoléon, palais Pitti. — Florence.
(Recommandée.)

Paris, le 4 septembre 1870.

« Pendant que la Chambre, réunie dans les bureaux, délibère sur des *propositions* (¹), la foule envahit les tribunes. La garde nationale proclame la République. C'est un fait consommé pacifiquement jusqu'à présent. 178-687.

« HUBAÏNE. »

(¹) La déchéance de l'Empire ! ! ! rien que cela !

Lettre adressée par l'EX-IMPÉRATRICE au czar Alexandre, allié du roi de Prusse !

« Hastings, 13 septembre 1870.

« SIRE,

« *Éloignée de ma patrie*, j'écris aujourd'hui à Votre Majesté ; il y a quelques jours à peine, quand les destinées de la France étaient encore entre les mains du pouvoir constitué par l'empereur, si j'avais fait la même démarche, j'aurais paru peut-être, aux yeux de Votre Majesté et à ceux de la France, douter des forces vives de mon pays. Les derniers événements me rendent ma liberté, et je puis m'adresser au cœur de Votre Majesté. *Si j'ai bien compris les rapports adressés* par notre ambassadeur le général Fleury, Votre Majesté écartait *à priori* l'idée éventuelle du démembrement de la France.

Sire, le sort nous a été contraire ; l'empereur est prisonnier *et calomnié*. Un autre gouvernement a entrepris la tâche que nous regardions comme notre devoir de remplir. Je viens supplier Votre Majesté d'user de son influence, afin qu'une paix honorable et durable puisse se conclure, quand le moment sera venu. Que la France trouve chez Votre Majesté, quel que soit son gouvernement, les mêmes sentiments qu'Elle nous avait montrés dans ces dures épreuves, telle est la *prière que je lui adresse*. Je prie donc Votre Majesté de tenir secrète cette démarche, que son généreux esprit comprendra sans doute et que m'inspire le souvenir du séjour de Votre Majesté à Paris. »

Cette pièce a été communiquée à la commission d'enquête et... au journal le Contre-Ordre ! »

PIÈCES ET NOTES DIVERSES.

« Quartier général.

« Laissez passer M. Edgar Rodrigues, *historiographe* de l'armée. Bon pour quarante-huit heures.

« Forbach, 31 juillet 1870.

« Le maire,

« PETELL [1].

TIMBRE DU GÉNÉRAL BATAILLE,
apposé par le commandant Magnan, officier d'état-major.
Hôtel du Chariot-d'Or.

[1] Peu de jours après, M. Petell, d'origine allemande, fut accusé d'espionnage. On découvrit qu'il correspondait chaque jour avec *son frère* domicilié à Saarebrück !!

C'est de la maison de M. Petell que le général en chef du 2e corps, Frossard, dirigea la défense de Spieckren et de Forbach, le 6 août ! !

Quelques minutes avant la déroute de son armée, le général en chef, *plein de confiance*, répondit à M. Jérôme David, expédié près de lui par l'empereur inquiet : « Bonne journée ! ! ! *nul besoin de renforts !* »

Le hasard m'avait placé près de cette maison, et c'est *du balcon* que le général donna une telle assurance au confident de l'empereur... *une demi-heure avant la défaite des troupes !*

En effet, quarante mille Allemands, troupes fraîches, vinrent, à quatre heures du soir, accabler nos pauvres soldats épuisés par une journée entière de lutte ! Spieckren fut enlevé d'assaut et Forbach anéanti !

PIÈCES TIRÉES DES ARCHIVES DE L'ESCADRON DES
VOLONTAIRES A CHEVAL.

Ce corps, organisé par les soins du commandant
Franchetti, a pris le nom de son vaillant chef, —
mortellement blessé le 2 décembre 1870, à l'attaque
du plateau de Villiers-sur-Marne.

HOTEL-DE-VILLE   5 septembre 1870.

ORDRE

Le commandant Franchetti est requis d'envoyer
ses cavaliers à l'Hôtel-de-Ville dégarni de troupes,
et d'y laisser un piquet en permanence.

Signé : PELLETAN.

RÉPUBLIQUE FRANÇAISE.

Gouvernement de la défense nationale.

Paris, 5 septembre 1870.

Laissez passer partout le sous-officier des Éclaireurs à cheval de la Seine Edgar Rodrigues.

Paris, Hôtel-de-Ville.

Léon BECQUET [1],

Secrétaire du gouvernement.

Cabinet du Préfet

N° 27.

---

[1] Ce laissez-passer était nécessaire pour entrer dans la salle du Conseil, où l'on me remettait les ordonnances à expédier.

ÉCLAIREURS A CHEVAL DE LA SEINE.

RAPPORTS DU COMMANDANT FRANCHETTI ET ARCHIVES DE L'ESCADRON.

8 et 9 septembre **1870**.

Reconnaissance à Saint-Germain et Pontoise.
Rapport au général Schmidt.

Mon Général,

L'escadron, parti de Paris à sept heures du matin, a battu la presqu'île de Gennevilliers et a fait
halte à Argenteuil : il a ensuite exploré les bois de
Chanteloup, les pays de Sartrouville et Houilles. Partout nous avons trouvé la population affolée de terreur ; dans quelques localités des individus ont
usurpé l'autorité municipale et en abusent plus ou
moins.

Notre visite a paru causer une vive satisfaction aux paysans, qui ne voient plus de troupes et n'ont plus d'autorités locales. Partout on nous a signalé des uhlans à l'horizon, avec une bonne foi vraiment curieuse. Quant aux préparatifs de défense, ils sont nuls, et consistent presque partout en dégradations plus nuisibles qu'utiles.

L'escadron a couché à Maisons, et le lendemain, nous avons battu la forêt de Saint-Germain. En arrivant à Herblay, des fuyards nous ont annoncé la présence des Prussiens à Pontoise ; nous nous sommes dirigés aussitôt vers cette localité et nous avons reconnu que la nouvelle était fausse.

Nous sommes rentrés par les hauteurs de Sannois et de Cormeil. A deux kilomètres de Bezons, des détonations successives nous ont appris que les ponts de Maisons et de Bougival sautaient. Nous avons aussitôt détaché des cavaliers sur le pont de Bezons pour prévenir de notre rentrée. Nos hommes sont arrivés au moment où on se préparait à faire sauter le pont. Le commandant du poste nous a affirmé qu'un parti de uhlans se trouvait dans le village de Sannois, que es Prussiens s'avançaient, et qu'il allait faire sauter le pont. Nous savions à quoi nous en tenir sur la présence des Prussiens, mais nous n'avons pu convaincre cet officier ; nous avons consenti toutefois à faire une reconnaissance sur Sannois pour éclaircir ses doutes, et nos cavaliers ont battu au galop les pentes de Sannois, sans rien trouver, bien entendu.

Le commandant prétend que deux individus, porteurs d'un ordre du préfet de police, ont passé en voiture à tous les ponts pour donner l'ordre de les faire sauter. Nous avons rencontré, quelques instants après, un officier courant aux ponts pour empêcher de les faire sauter, ayant mission d'arrêter les porteurs de cet ordre apocryphe.

Signé : FRANCHETTI.

LE

GOUVERNEUR DE PARIS   14 septembre 1871.

Cabinet.

—

ORDRE

Le commandant Franchetti sortira par la porte de Charenton avec son escadron d'éclaireurs, passera à Créteil, et poussera jusqu'à Boissy-Saint-Léger : là, avancera avec prudence et cherchera à reconnaître la présence des éclaireurs ennemis.

P. O. *Le général, chef d'état-major général,*

SCHMIDT.

MAISONS-ALFORT,   14 septembre 1870, 4 h. soir.

Mon Général,

En sortant de Maisons-Alfort, des paysans m'ont prévenu que les avant-gardes ennemies étaient à quelques pas, au carré de Pompadour. Mon avant-garde, de cinq cavaliers, a rencontré une troupe de huit hussards bleus, les a chargés et fait tourner bride. A ce moment d'autres cavaliers prussiens sont arrivés ; un combat s'est engagé ; deux de mes cavaliers ont été démontés, un autre, M. de Kergariou, a été sabré, et mon adjudant, M. de Marval, après avoir eu son cheval tué, est resté évanoui dans un fossé. J'ai été relever nos blessés, et j'ai dû me hâter, car l'avant-garde de l'armée prussienne paraissait et j'ai été forcé de battre en retraite sous le feu de l'ennemi, en emportant les blessés en croupe.

J'ai rapporté les armes des trois cavaliers ennemis que nous avons tués.

Je crois pouvoir affirmer qu'un corps considérable venant de Villeneuve-Saint-Georges marche sur Choisy-le-Roi et sur Châtillon.

Signé : FRANCHETTI.

———

14ᵉ CORPS   17 septembre 1870.

État-major général.

—

ORDRE

L'escadron Franchetti est incorporé dans le 14ᵉ corps, sous les ordres du général Ducrot. Il aura pour mission d'opérer en avant des grand'gardes de l'armée et de surveiller les mouvements de l'ennemi.

P. O. *Le général, chef d'état-major général,*

APPERT.

19 septembre 1870.

Rapport au général Ducrot.

—

Mon Général,

Suivant vos ordres j'ai battu aujourd'hui la presqu'île de Gennevilliers, où je n'ai trouvé aucune trace de Prussiens. Partout les redoutes et les ouvrages sont déserts et sans troupes ; les villages sont abandonnés. Sur l'autre rive, Bezons est rempli de Prussiens. J'ai pu, en dissimulant mes cavaliers derrière les maisons, surprendre une troupe ennemie groupée sur l'autre rive, et lui faire subir un feu meurtrier. En revenant le soir par le village de Colombes, le poste qui garde la barricade m'a salué d'une décharge sans crier « Qui vive ! » et a immédiatement abandonné son poste ; je n'ai pu rattraper les fuyards qu'au pont de Neuilly.

Le rond-point de Courbevoie est faiblement gardé et nos sentinelles avancées ne se tiennent qu'à une distance de cent mètres. Cependant Nanterre n'est point occupé par les Prussiens, qu'on ne voit qu'à Rueil.

Le peloton que j'avais laissé dans ces parages, en rentrant, a été fait prisonnier par la gendarmerie et pris pour des uhlans. La raison donnée est certes flatteuse, car l'officier affirmait qu'il n'y avait pas dans l'armée française de cavalerie aussi bien montée.

Signé : FRANCHETTI.

N. B. La publication complète de ces archives aura lieu prochainement.

FRAGMENTS INÉDITS TIRÉS DU JOURNAL DU SIÉGE DE PARIS.

OPÉRATIONS MILITAIRES DU 14ᵉ CORPS
ET DE LA 2ᵐᵉ ARMÉE.

Châtillon.

. . . .

Le 16 septembre, le 14ᵉ corps, commandé par le général Renault, occupe les positions suivantes :

1ʳᵉ division en avant des forts d'Issy et de Vanves, son extrême droite aux Moulineaux appuyée à la Seine, la gauche sur la lisière des bois de Meudon;

2ᵉ division en avant des forts de Bicêtre et d'Issy, quartier général Villejuif.

Le général Ducrot, arrivé de Nevers, prend le commandement supérieur du 13ᵉ et du 14ᵉ corps.

17 septembre.

La marche de l'ennemi sur Châtillon était signalée par le commandant Franchetti. D'après les ordres du gouverneur de Paris, les trois divisions et la cavalerie se mettent en mouvement pour aller occuper les positions suivantes :

Une batterie de 4 est placée à la droite de la redoute de Châtillon.

La première division est massée entre Châtillon et Clamart.

La 2ᵉ division de chaque côté de la redoute en soutien de l'artillerie, laissant libre la route qui traverse le village de Châtillon.

Un bataillon occupe le village de Fontenay-aux-Roses. Les mitrailleuses en batterie avec l'infanterie.

Quartier général près de la redoute.

18 septembre.

Les positions de l'armée sont modifiées à cinq heures du matin : la première division se porte sur le plateau le long du bois de Clamart; la ferme du Plessis-Piquet crénelée est occupée par une brigade. Les zouaves, au château de Meudon, tiennent le bois mille hommes environ).

La 2e division se porte à gauche de la redoute, l'ennemi étant signalé vers les bois de Verrières. Durant la nuit quelques coups de fusils sont échangés aux avant-postes vers la hauteur de la ferme de Plessis-Piquet.

19 septembre.

(*Rapport non publié*).

A cinq heures du matin les deux premières divisions se mettent en mouvement pour opérer une reconnaissance offensive.

La division Maudhuy était venue la veille remplacer à Villejuif la division de Maussion.

La 2ᵉ division (d'Hugues) marche dans le même ordre sur Villa-Coublay.

Le 15ᵉ de marche reste au Plessis-Piquet pour couvrir le flanc gauche.

La cavalerie forme le centre de la reconnaissance et marche par escadrons en six colonnes de deux escadrons chaque, suivie de trois batteries d'artillerie marchant par demi-batterie.

Un régiment occupe la redoute de Châtillon.

La 1ʳᵉ division, général de Caussade, marche 500 mètres en avant de la cavalerie et de la 2ᵉ division.

Douze pièces de douze sont envoyées de Paris pour protéger la retraite en cas de besoin et défendre la position,

Savoir :

8 pièces dans l'ouvrage inachevé ;

4 pièces au télégraphe, dans les épaulements effectués le 18.

Vers six heures et demie les tirailleurs se trouvent en présence de ceux de l'ennemi et la fusillade commence.

Les Prussiens occupent les maisons du Petit-Bicêtre.

Sur l'ordre du général en chef, les deux batteries à cheval de la réserve se portent rapidement en avant de notre droite et ouvrent le feu sur le Petit-Bicêtre. Aussitôt l'ennemi fait avancer ses batteries et les obus arrivent à la limite du bois de Meudon au milieu des zouaves qui éprouvent quelques pertes. Le 19e de marche de la division d'Hugues, précédé par ses francs-tireurs, se porte rapidement au pavé blanc pour occuper les maisons qui y sont situées ; toutes nos batteries se mettent en ligne sur notre front pour répondre à l'artillerie prussienne et la canonnade augmente d'intensité. Les obus pleuvent de tous côtés. Malheureusement notre droite un peu démoralisée par les obus ennemis, voyant les tirailleurs du 7ᵐᵉ bataillon de mobile de la Seine et ses propres tirailleurs obligés de céder (le rapport officiel a qualifié ce mouvement de précipitation regrettable), commence à RECULER malgré les efforts des officiers et du général en chef lui-même (les zouaves affolés sont rentrés jusque dans Paris). Les Prussiens voyant ce mouvement en arrière (toujours la concentration en arrière!) augmentent leurs efforts de ce côté. C'est à ce moment que le général en chef, prenant en considération la jeunesse de ses troupes de formation récente, ordonne la retraite qui s'effectue en bon ordre, protégée par la cavalerie qui s'est montrée très-ferme et par l'artillerie dont le mouvement s'effectue par échelons avec calme et précision.

A la hauteur des bivouacs les divisions s'arrêtent, reprennent leurs sacs et reçoivent l'ordre de réoccuper leurs positions de la veille en arrière à gauche et à droite de la route de Vanves.

La cavalerie rentre à Paris, une partie au Champ-de-Mars, l'autre sur les quais au cours la Reine.

Le général en chef fait placer deux batteries de 12 et deux batteries de 4 dans les épaulements près du télégraphe, deux batteries à droite de la redoute ; un bataillon occupe toujours le cimetière dont les murs sont crénélés. Le général en chef

(Ducrot) se porte de sa personne dans la redoute armée de huit pièces de 12 et de trois mitrailleuses, et occupée par le 4ᵐᵉ bataillon des mobiles d'Ille et Vilaine.

L'ennemi fait avancer successivement ses batteries, qui ouvrent un feu très-violent sur notre position. — Nos pièces répondent avec avantage.

Le 15ᵐᵉ de marche (lieutenant-colonel Bonnet), qui occupait Plessis-Piquet, effectue sa retraite en très-bon ordre après une énergique défense qui a protégé le flanc gauche du corps d'armée en retraite.

Vers une heure, le feu de l'artillerie ennemi était éteint. Il reprend vers deux heures pour appuyer le mouvement de fortes colonnes d'infanterie qui se portent sur la redoute de Châtillon. Notre feu recommence avec vigueur. Les pièces de 12 et les mitrailleuses tirant à 1,000 ou 1,200 mètres font beaucoup de mal à l'ennemi.

Cependant, informé que les conduits d'eau étaient coupés et que les divisions d'infanterie s'étaient, par suite d'une erreur, *portées trop en arrière* pour pouvoir soutenir les défenseurs de la redoute (la première division était rentrée dans Paris! les deux autres se trouvaient exposées au feu de l'ennemi près des forts de Montrouge et de Vanves), le général songe à la retraite.

Il fait d'abord filer les caissons vides et autres voitures et fourgons inutiles, suivis bientôt des batteries d'artillerie, des troupes de défense et des mitrailleuses. Faute d'avant-trains il ne peut sauver les huit pièces de 12, qui sont enclouées sous ses yeux, et il sort *le dernier* de la redoute avec la 4ᵐᵉ compagnie du 4ᵉ bataillon de la garde mobile d'Ille-et-Vilaine. Cette retraite s'effectue en bon ordre, protégée par la 2ᵐᵉ division d'infanterie dirigée par les généraux Renault et d'Hugues, et toutes les troupes viennent se reformer entre les forts de Vanves et de Montrouge.

D'après les ordres du gouverneur de Paris, le 14ᵉ corps et la division Maudhuy du 13ᵉ corps rentrent le soir à Paris au Champ-de-Mars et au rond point d'Italie.

Dans cette affaire, où les Prussiens ont perdu beaucoup de monde, nos pertes ont été relativement minimes : 84 tués, 401 blessés, 155 disparus.

Le 20 septembre, concentration des troupes entre Clichy-la-Garenne, Saint-Ouen, Neuilly et le bois de Boulogne.

Le quartier général au restaurant Gillet, Porte-Maillot.

La compagnie des francs-tireurs de l'Aisne, forte de 36 hommes (capitaine Dallé), est mise à la disposition du 14e corps.

PIÈCES A L'APPUI

Le général Ducrot avait demandé à soumettre les faits relatifs à son évasion à l'examen de la commission d'enquête instituée par la loi votée le 8 août 1871 par l'Assemblée nationale.

A la suite de cet examen, le président de la commission d'enquête a adressé au général la lettre suivante :

Monsieur le général Ducrot.

« Versailles, 6 septembre 1871.

« Cher général,

« La commission nommée par l'Assemblée nationale, en exécution de la loi votée le 8 août, a entendu

les explications que vous avez spontanément cru devoir lui donner au sujet de votre évasion après la capitulation de Sedan.

« Elle vous félicite, cher général, d'avoir tenu à honneur de reprendre les armes dès qu'il vous a été possible de vous soustraire à la surveillance de l'ennemi *dont vous étiez le prisonnier gardé*.

« Croyez, cher général, à nos sentiments d'affection.

Général Changarnier. »

Nous terminons les appendices de notre premier volume par la liste des principaux donataires ayant patriotiquement répondu à l'appel du commandant Franchetti, en lui envoyant leurs chevaux, pour ceux de ses volontaires qui n'étaient pas montés, ou des souscriptions en argent pour subvenir aux frais de première organisation de son escadron :

La vénerie : dix chevaux et deux piqueurs.
Le comte Aguado : trois chevaux de chasse.
MM. de Greffulhe : quatre chevaux.
    de Borda : trois chevaux.
    Le Teinturier : trois chevaux harnachés, et son concierge.
    de Nasac : un cheval d'officier.
    A. Subervielle : un cheval et cinq cents francs.
    A. Lemaire : un cheval.
    Tony Montel : un cheval.
    Merton : un cheval.
    Blerzy : deux chevaux.
    de Damas : un cheval.
    de Paris : un cheval.
    de Montigny : trois chevaux.
    A. Lazand : un cheval et cinq cents francs.

MM. Georges Manceau : un cheval.

    Debrousses : trois chevaux.

Municipalité de Paris : cinq mille francs.

MM. de Rotschild frères : mille francs.

    H. Worms : mille francs.

    Halphen : un cheval et deux cents francs.

    Hollander : cinq cents francs.

    Etc., etc.

A cette liste, on pourrait joindre les dons *anonymes* d'un grand nombre de Parisiens.

Par leur empressé concours, ils ont permis au brave Franchetti de former et d'équiper, *en moins de quinze jours*, un corps de volontaires qui a pris une très-active part à la défense de Paris.

CONTROLE PAR ANCIENNETÉ DE L'ESCADRON FRANCHETTI

—

ÉTAT-MAJOR

FRANCHETTI Léon, chef d'escadron ✳, décoré le 15 octobre 1870.

BENOIT-CHAMPY Gabriel, capitaine-commandant ✳ O, nommé officier de la Légion d'honneur le 8 février 1871.

JOLY DE MARVAL Édouard, capitaine adjudant-major ✳, décoré le 8 décembre 1870.

LACOMBE François, lieutenant, premier peloton.

SIMONNE Albert, sous-lieutenant, hors peloton.

BEAULIEU Émile, sous-lieutenant, trésorier d'administration.

DE SUSINI Paul, sous-lieutenant, troisième peloton.

PORTET François, sous-lieutenant, deuxième peloton.

WORMS Lucien, sous-lieutenant hors peloton ✳, décoré le 8 février 1871 (administration).

FOURNIER Charles, adjudant.

LEROY D'ÉTIOLLES Raoul ✳, chirurgien.

BARTHÉLEMY Pierre ✳, vétérinaire.

SOUS-OFFICIERS ET BRIGADIERS

Malherbe Gustave, maréchal-des-logis chef (au dépôt).

Taconnet Ferdinand, maréchal-des-logis.

De Kergariou Emmanuel, maréchal-des-logis, décoré
  le 25 octobre 1870.

Paillard Jules, maréchal-des-logis.

Clancau Émile, maréchalerie,   —

Debost Émile,   —

Champlouvier Charles,   —

De Dauvet Louis,   —

Rogniat Abel ✳, vaguemestre,   —

Billat Henry,   —

De Marcy Albert,   —

Brunard Georges, maréchal-des-logis fourrier.

Paret Georges, brigadier-fourrier.

Crémieux Jules, brigadier.

Couteau Aristide,   —

Pilté Alphonse,   —

Carriès Henry,   —

Coignet Henry,   —

Chatelain Félix,   —   médaillé le 8 décembre 1870.

Robert Paul,   —

Juif Émile,   —

De Grimaud Marcel,   —

SPENEUX Louis,   brigadier.
TOLLU Camille,   —
DE SUSINI Fernand,   —
FILIPPINI Antoine,   —
DE BEECKMAN Fernand,   —
CABANY Julien,   —
MARCHAND Henry,   —
WACHÉ Édouard,   —
DE BEECKMAN Raoul,   —
MALROUX Jean, brigadier-trompette.
DUVAL Ernest, trompette.
DALOTEL Louis.   —

————————

LISTE DES CAVALIERS-ÉCLAIREURS

RODRIGUES Edgar, éclaireur, médaillé le 25 octobre 1870.

SOUPE Antonin,   —
DE MONTAUDIN Alph.,   —
GUÉRIN Edmond,   —   médaillé le 8 décembre 1870.

LAVRIL Émile,   —
DELAHAUT Paul.   —
DE BÉDEF Léon,   — médaillé le 15 octobre 1870. cavalier de 1re classe.

SARRAN   —

Grimont Marcel,   éclaireur.
Sirot Jules,   —
De Matignon Louis,   —
Pellerin Albert,   —
Bobe Alfred,   — cavalier de 1re classe.
Darbaud Charles,   —
Cavailhon Edmond,   —
De Mayrena Raymond,   —
Cottrel Charles,   — cavalier de 1re classe.
Soupplet Frédéric,   —
Flamand Émile,   —
D'Erceville Alfred,   —
Sibut Marius,   —
Laporte Jean-Baptiste, —
Estève Henry,   —
Lefèvre Raoul,   —
Le Maux Paul,   —
Lasseron Georges,   —
Franconi Georges,   —
Debrousse,   —
Champeaux Jean,   —
Lecoutre Pierre,   —
Roche René,   —
Mars Émile,   —
Lévy Armand,   —
Guéret Philippe,   —
Dupré Alfred,   —
Chéradame Louis,   —
Bonnet Gustave,   —
Gaidan Auguste,   — médaillé le 8 décembre 1870.

LARIVIÈRE-RENOUARD, éclaireur.

DE FREISSINET,   —

ROSTAND Arthur,   —

OBERKAMPF Paul,   —

BILLIÉ Julien,   —

BRINQUANT Raoul,   — médaillé le 9 février 1871.

KÉVRIN Louis,   —

DE BULY Léon ✳,   — décoré le 8 décembre 1870.

BÉGÉ Jules ✳,   — décoré le 8 décembre 1870.

DE LAROCHEFOUCAULT Raoul, éclaireur.

DE BEAUVAIS Auguste,   —

LARSONNIER Raymond,   —

VATEL Eugène,   —

MAHIER Georges,   —

MAUNIER Ferdinand,   —

LEDUC Albert,   —

MARIENVAL Gustave,   —

LACASSE Georges,   —

DISTRIBUÉ Eugène,   —

FONTANA Charles,   —

LE BOUCHER Léon,   —

JOANNÈS François-Émile,   —

DE BUSSIÈRE Edmond,   — méd. le 9 février
                                  1871.

VERSEPUY Arthur,   —

LE FEZ Maurice,   — méd. le 9 février
                                  1871.

JAY Joseph,   — méd. le 9 février
                                  1871.

HAMARD Jules.   —

Le Maye de Moyseau,	éclaireur.
Durozery Georges,	—
De Sinety Henry,	—
Mairet Henry,	—
Rivière Adolphe,	—
Fould Gustave,	—
De Borda,	—
Crabère,	—
Schneider,	—
Szoard,	—

Ces éclaireurs ont quitté l'escadron après la mort du commandant.

TABLE DES MATIÈRES

CLICHY. — Impr. Paul Dupont et Cie, rue du Bac-d'Asnières, 12.